汪 堂 家 文 集

著 述 卷

On Death
死与思

汪堂家 著

上海三联书店

图书在版编目(CIP)数据

死与思 / 汪堂家著. —上海：上海三联书店，2019.5
（汪堂家文集）
ISBN 978－7－5426－6628－4

Ⅰ.①死…　Ⅱ.①汪…　Ⅲ.①死亡哲学－研究　Ⅳ.①B086

中国版本图书馆 CIP 数据核字(2019)第 033456 号

死与思

著　　者 / 汪堂家

责任编辑 / 黄　韬
装帧设计 / 黄胜锦
监　　制 / 姚　军
责任校对 / 张大伟

出版发行 / 上海三联书店

　　　　　（200030）中国上海市漕溪北路 331 号 A 座 6 楼
邮购电话 / 021－22895540
印　　刷 / 上海展强印刷有限公司

版　　次 / 2019 年 5 月第 1 版
印　　次 / 2019 年 5 月第 1 次印刷
开　　本 / 640×960　1/16
字　　数 / 130 千字
印　　张 / 10
书　　号 / ISBN 978－7－5426－6628－4 /B・631
定　　价 / 48.00 元

敬启读者，如发现本书有印装质量问题，请与印刷厂联系 021－66366565

《汪堂家文集》编纂组

郝春鹏　　　黄　韬　　　李之喆
孙　宁　　　石永泽　　　吴　猛
王卓娅　　　叶　子　　　张奇峰
曾誉铭

《死与思》编校组

石永泽　　　郝春鹏　　　王卓娅

《汪堂家文集》编者前言

汪堂家先生是我国当代著名哲学学者,在近现代欧陆哲学、美国实用主义哲学、生命—医学伦理学等领域卓有建树。同时,先生还是一位卓越的学术翻译家,迻译了包括德里达的《论文字学》、利科的《活的隐喻》在内的大量学术作品。此外,先生还是一位优秀的哲学教育家,通过在大学的授课和言传身教影响了众多青年学子的思想和人生道路。

1962年5月21日,先生出生于安徽省太湖县。先生早年毕业于安徽大学,后就读于复旦大学并获得哲学博士学位,生前担任复旦大学哲学学院教授、西方哲学史教研室主任,并兼任复旦大学杜威研究中心副主任和《杜威全集》中文版编辑委员会常务副主编。先生因病于2014年4月23日去世,享年52岁。

先生一生笔耕不辍,虽天不假年,却在身后为世人留下总计约400万字的著述和译作,这些作品记录着一位当代中国学者苦心孤诣的思考历程。为缅怀先生对当代学术与思想所作的贡献,全面呈现先生一生的工作和成就,我们谨编纂《汪堂家文集》,作为对先生的纪念。

从内容上说,《汪堂家文集》(以下简称《文集》)包括两部分,一部分是先生的著述,另一部分是先生的译作。无论是著述部分还是译作部分,都既包括先生生前发表过的作品,也包括先生的遗著中相对完整者。

先生生前发表的著述包括著作和文章。著作中有独著和合著,文章也有一部分已汇成文集出版。先生的独著有《死与思》(完成于20世纪80年代的遗著)、《自我的觉悟——论笛卡尔与胡塞尔的自我学说》(1995年)和《汪堂家讲德里达》(2008年),合著有《心灵的秩序》

1

(1997年)、《人生哲学》(2005年)、《17世纪形而上学》(2006年);先生的文集有两部:论文集《哲学的追问——哲学概念清淤录之一》(2012年)和散文集《思路心语——生活世界的哲思》(2011年)。我们将尽可能完整地收录先生的这些著述和文章,不过一些作品的呈现方式会有所变化,读者会见到一些在先生生前未曾出现过的书名,原因在于:其一,有不少著述需要从不同地方(合著或期刊)汇集到一起;其二,先生的著述中有不少是未曾发表过的遗稿;其三,先生临终前有过比较明确的系统整理自己著述的想法,并设计好了相应的书名。我们根据先生的遗愿确定了相应作品的书名。具体说来:《文集》将全文发表《死与思》;我们还将《自我的觉悟——论笛卡尔与胡塞尔的自我学说》与先生的多篇"应用现象学"研究论文合为一册,名为《现象学的展开——〈自我的觉悟〉及其他》;同时,《文集》将先生关于伦理学的著述汇作《生命的关怀——汪堂家伦理学文集》;另外,《文集》将先生的学术随笔和其他散文、时评等收入《心造的世界——汪堂家散论集》。除此之外,《文集》将没有收入上述各书的文章以及比较完整的遗稿一起收入《哲学思问录》一书。

先生留下的翻译作品共约180万字。除了他最有影响力的译作《论文字学》(1999年)和《活的隐喻》(2004年)之外,先生还翻译了《乱世奇文——辜鸿铭化外文录》(2002年)、《无赖》(合译,2010年)、《承认的过程》(合译,2011年)、《杜威全集》中期15卷(合译,2012年)等。《文集》将以最大努力呈现先生的这些工作。除此之外,我们将先生的译文遗作汇为《汪堂家遗译集》,其中特别收入先生早年译的福柯《知识考古学》(残篇)。

《文集》的主要编纂工作是汪堂家先生的学生们勠力同心完成的。这部《文集》寄托了我们的期盼:愿先生的生命在他留下的文字中延续。尽管我们在整理先生的文稿过程中尽了最大努力,然囿于识见,相信仍会有不少错讹之处,敬祈诸位师友斧正。

《文集》的出版,若非得到众多师长、同仁和朋友的鼎力襄助,是不可能实现的。在此我们要特别感谢上海三联书店总编辑黄韬先生,正是他的倾力帮助,使本《文集》得以顺利出版。同时我们还要感谢孙向晨先生、袁新先生、邵强进先生、林晖先生、孙晶女士、陈军先生、金光耀先生、汪行福先生、张双利女士、丁耘先生、赵荔红女士、杨书澜女士、杨宗元女士和师母廖英女士的热情支持。本《文集》的出版,得到了复旦大学哲学学院和复旦大学亚洲研究中心的支持,特此鸣谢。最后,特别要说明的是,由于所涉作品版权等原因,本《文集》的出版采取了多家出版社联合出版的形式,在此我们谨向参与《文集》出版的各家出版社致谢!感谢上海三联书店牵头组织了本《文集》的出版,并感谢复旦大学出版社、上海译文出版社、中国人民大学出版社、上海人民出版社和北京大学出版社在《文集》的整个出版过程中给予的大力支持和帮助。还有其他帮助过我们的朋友和机构,恕不一一,谨致谢忱。

《汪堂家文集》编纂组

2018 年 4 月

目 录

导言　让思想的阳光
进占死亡的领域

　　也许,在某些人眼里,我所从事的是一件令人唾骂的工作,这不但是因为我在不自量力地面对一个难以索解的千古之谜,而且是因为本书的主题是二十世纪遭到普遍禁忌的话题。尽管孔子早就发出了"未知生,焉知死"①的感叹,斯宾诺莎早就断言"自由的人绝少想到死;他的智慧不是死的默念,而是生的沉思"。② 但是,我始终认为,既然死亡是人人都不可回避的铁的必然性,既然正是死亡界定了人生的基本意义,那么,我们就没理由把死亡排斥在严肃的学术研究领域之外,因为对它的遮蔽既不利于恢复我们对世界、对自己和对人生的真情态度,也不利于我们以洞透人天的深邃眼光去探究各种与死亡相关的文化现象,更不利于我们以严谨的科学精神去实践社会对每个濒死者的人道主义关切。

　　对于生,似乎每个人都愿意大发宏论,但对于死,人们要么存而不论,要么含糊其辞,要么把对它的探究斥为悲观主义。历史表明,对死的遮蔽导致了死的神秘化。一方面,它束缚了人们的自由思考,妨碍了人们之间坦率的思想交流,剥夺了人们创造性地完善自身和实现自身的机会,从而造成了个人的生命力的衰退;另一方面,它在实际生活中,使人对死缺乏长期的心理准备,以致当死亡来临时许多人感到特别焦虑和恐惧。正如不少医护人员所指出的那样,让人在没有任何思想准备的情况下去接受死亡,是极其残忍的做法。人死时的孤独、痛苦和悲哀本来就把人置于极端绝望的境地,而生与死的强烈反差所造成的个人意志力的

---

① 《论语·先进》。——编者注
② 斯宾诺莎:《伦理学》,贺麟译,商务印书馆,1981 年,第 205—206 页。——编者注

突然崩溃会彻底摧毁生与死的尊严。在英雄主义日益贬值的今天,直面死亡的勇气成了我们焕发生命热情的最后手段,因此,死之思本身即是发掘人的存在意义和唤起人的生命活力的重要步骤。

思之死总是伴随着死之思,思的领悟意味着"在"的澄明。当哲学毫不隐讳地由生的沉思转向死的冥想时,人们才猛然发现死原来是许多文化现象的活的源头。在人类精神发展的漫长历程中,死激发过人类的许多最富创造性的奇思异想,推动了人类自我认识和自我开发的伟大进程。苏格拉底和蒙田早就声称"哲学是死亡的练习",而诗歌、戏剧、小说、音乐和绘画则把死视为自己的永恒主题。作为文化主体的宗教归根到底也不过是要实现对死亡的超越。因此,脱离了对死的把握,思者之思必将停留于生活的表面现象,而不能使思真正沉入历史和人性的深处。

多少年来,那些自视随身携带着真理的人们,那些自以为全面地占有思而又懒惰得不愿入思的人们,一直把"死"作为不应思的,引起消极后果的东西排斥出思的领域。殊不知,回避死并不能使我们摆脱濒死时的战栗,恰恰相反,它只能导致人心为浮躁的情绪所左右,因为死既是思的界限又是思的背景,不能正视死和勘破死,我们就永远不能安然领有世界的宁静。思是需要激情的同时也需要沉静的事业,骚动不安的灵魂虽能激起思的热忱,感受思的颤动,但很难专注于思,沉浸于思,消失于思,它至多只能游到思的近旁。现代人似乎越来越好动,而越来越厌思,至少是不好深思,还有相当多的人压根儿不准备去思。这种倾向与对死的遮蔽几乎是同步发展的。

思入尽处即是死。只要克服了"死"这个横陈于人生的最后障碍,思就会变得自在起来。但死不仅意味着个人生命的结束,而且蕴涵着与各种人生问题息息相关的文化传统和价值取向,正是这些文化传统和价值取向决定我们不能把人的死亡降低为动物的死亡。诚如华尔(C. W. Whal)所说,"死亡本身不仅是一种状态,而且是一种复杂的象征,它的意义因人而异,因文化而异"。① 如果说死亡和生殖是人类文

---

① C. W. Whal, "The Fear Death." in Feifel(ed.), *The Meaning of Death*, New York: McGrow Hill, 1959. ——编者注

明的两大焦点,那么,我们从那些凝聚着个人的心理和社会生活的全部丰富性的死亡观念中就可以窥见文明之潮的涨落。

文明化过程意味着什么呢？意味着思想的开化,世界的开敞和神秘的消散。而生与死作为人世间最大的神秘只有为思想的阳光所照耀才能为人类文明所进占。思的通明和死的幽暗既然是相通的两极,那么,思入死亡或使死入思就是文明的最高要求。死的震撼固然使人难以入思。当人为死的忧心所逼,思便最能体验死的力度。

死之思源于人类对自身终极命运的深切关怀,思之死则反衬出死之思对人生的价值与意义。只要人类保持趋生避死的本性,死之思必然与社会的发展共始终。早在古希腊,人们就开始研究死亡的生理病理过程,并在这种意义上提出了一门需要认真研究的艺术。但直到二十世纪随着生物学、医学和心理学的发展,人们才真正把死亡作为自然过程和社会过程来加以探讨。1912 年,美国社会心理学家罗斯韦·帕克(Rosewell Park)主张建立"死亡学"这门学科,以便研究何为死亡以及人在临死前的反应。此后,瑞士精神病理学家伊丽莎白·屈布勒-罗斯(E. Kübler-Ross)进一步研究了人在死前的反应,并把这种反应分为否定、愤怒、讨价还价、沮丧、接受五个阶段,从而为死亡学的建立提供了可资利用的经验基础。1932 年和 1938 年,英国和美国安乐死协会的相继成立,则是死亡学研究史上的划时代事件。它们标志着人类不仅有可能选择自己的生,而且有可能选择自己的死,从而为人类的自我认识和自我调控开辟了新的途径。

本书并不是对死亡观念的历史阐述,也不是对死亡学的一般勾勒。假如读者能把它作为死亡学的引论,那倒更符合我的初衷。不管怎样,其中的所见所闻、所思所想乃是融入了人生经历的死的自觉,而不是在应时之心的驱赶下被迫入思的结果。我常想,要是人心为物性所左右而被迫入思,它始终难以思到所思的尽处。思不尽思最终只会使人迷茫于思,困倦于思,畏惧于思。所以,作者在此所期望的,是通过死亡之思来思出一个被净化、被开化的人心。心光似电,方懂生死之奇;思绪如水,才知江河之深。在今天这个大谈生而回避死的世界上,让我们响应思的召唤,从死中去领悟人生的秘义,去领略大地的壮美。

3

第一章
死亡的自然性与文化性

　　这里所说的死亡是人的死亡,只有人才懂得死亡,只有人才去观照死亡、领悟死亡、述说死亡。然而,死亡是什么呢?

　　古往今来,这个问题既引发了哲学的玄思,也主导着医学的求索。社会的死亡意识则是各种观念的综合,其中不乏实在的因素,也不无幻想的成分。只要人生活在社会中,生活在文化中,生活在语言中,他的死就不可避免地带有非自然的色彩。因此,对死亡的追问只能在自然与非自然之间展开。

　　苏格拉底明言:

　　　　死是两种境界之一,或是灵魂与肉体俱灭,死者对于任何事物都无知觉;或者如世俗所说,死亡就是灵魂从一处移居到另一处。如果死后没有知觉,就像无梦的睡眠,死就一定是一个奇妙的境界。……按另一种观点看,死是灵魂从此处移居到彼处,如果这一说法是真的,所有的死人都在那一处,那还有比到那里去更幸福的事吗,尊敬的陪审员们?[①]

　　历史一直在苏格拉底所提出的两种假设之间进行着艰难的选择。前者把死亡视为纯粹的自然过程,因而有可能预示着人将把人的死亡降低为非人的自然物的毁灭。后者则关系着活人对无法亲历、无法印

---

① 《苏格拉底的最后日子——柏拉图对话集》,余灵灵、罗林平译,上海三联书店,1988 年,第 79 页。——编者注

证、无法测知的死后生命的向往与渴念,因而多少肯定了人可以带着浸透了人的文化性的一切进入一种超乎人世的非自然状态。

其实,死亡的自然性和文化性在逻辑上隐含于人生的历程中。在我们这个重死的国度里,对后者的强调更是达到了无以复加的地步。比如,从产生无数伤逝悼亡之作的文学艺术到强调不着意生死处、勘破生死的佛家冥想,从沉浮于"在世"之烦恼的日常意识到注重节操的政治—伦理文化,都可以看出人们对自身命运的终极关怀。人们对死的重重思索、各种繁多的丧礼、各式各样的墓葬,可以使我们发现各种文化的心理差异以及表现这些差异的文化壁垒,找出这些文化在更高层次上获得会通的现实根据,并由此获得审视和拓展文化境域的崭新角度。鉴于此,本章将不仅讨论死亡的自然性,而且要着重讨论死亡的文化性。

一、死亡的自然规定

如果撇开死亡概念中的种种文化因素,排除加在这一概念上的各种抽象思辨和随意猜测,我们将会发现,死亡首先是一个自然过程,它意味着生命现象的终结。但如何才能判定生命的终结呢?要回答这个问题,我们就得弄清死亡的定义和标准。

死亡标准的确立取决于生命科学,特别是医学技术的发展水平。在现代社会,如何确定死亡不仅直接关系到医务人员是否应该对某个病人进行抢救,而且关系到家属对尸体的处理(如下葬、火化)以及器官移植等方面的法律制度和伦理观念。

1951 年美国出版的《布莱克法律词典》把死亡定义为:"血液循环全部停止以及由此导致的呼吸脉搏等动物生命活动的停止。"这一标准被称为心肺死亡标准,它是以几千年来人类对死亡过程的日常观察为基础的,并且集中体现了人类对心脏功能的重要性的认识。

在历史上,我们的先辈几乎都相信心脏是思维的器官,是生命过程的主宰,因此,孔子说:"哀莫大于心死"。[①] 亚里士多德说心是智慧

---

① 语出《庄子·外篇·田子方》。——编者注

之源。由于人们普遍把心脏作为生命的代表性器官,心死成了人死的代名词,而医生们也相应地把患者的呼吸和心跳停止诊断为临床死亡。但是,根据这种标准进行死亡鉴定导致了许多反常情况的出现。中外文献中不乏"死人"从墓穴里爬出来的记载。在我国的落后地区,人们在启棺安葬在地面停放多年的死者时,屡屡发现尸骨的位置与死者入殓时的位置不大相同。这说明,那些死者在被宣布为死亡后,心脏又恢复跳动并且移动过自己的身体。很显然,这些无可挽回的损失是运用心肺死亡标准造成的。

1962 年,苏联物理学家兰道遭车祸后心脏停止了跳动,血压降为零。按传统的死亡标准,兰道已经死了,没有再抢救的必要,但医生们相继对他抢救过四次,并且每次都使他恢复了心跳。直到 1968 年他才由于肠道受损而逝世。这一事例直接表明,呼吸和心跳停止并不等于生命过程的终结,因此不能成为衡量一个人是否死亡的标准。

二十世纪中叶,心肺死亡标准随着心脏移植手术的成功和人工心肺的产生而受到更加严峻的挑战。1967 年 11 月,克里斯蒂安·伯纳德(Christiaan Barnard)在南非首次成功地施行了心脏移植手术,从而彻底推翻了心死意味着人死的结论。1982 年,美国科学家德夫里斯(W. DeVries)制造出了第一个人工心脏,尽管这个心脏代替病人的心脏仅仅跳动了 112 天,但它开创了生命科学的新纪元,同时也从实践上迫使我们放弃原来的死亡标准。既然置换心脏并不影响一个人的个性特征和人格的同一性,那么,换过心脏的病人仍然是作为原来的人而生活在世界上,因此,病人心脏功能的丧失并不等于人的生命过程的终止。

鉴于以上情况,人们开始广泛探寻新的死亡标准。1959 年,莫拉尔(P. Mollaret)和古隆(M. Goulon)建议把脑死亡作为人的死亡标准。1968 年世界卫生组织进一步把这个标准具体化:对环境失去一切反应、反射与肌肉张力完全丧失、自主呼吸停止、动脉压陡降、脑电图平直。同年,哈佛医学院也把脑死或不可逆的昏迷作为人的死亡标准,其中包含四个规定:(1)对外部刺激和内部需要失去感受能力和反应能力;(2)呼吸不可逆地停止;(3)脑干以及脑干支配的一切反射消失;(4)脑电图平直。除体温低于 32.2℃和服过抑制类药物的病例外,如果经过 24 小时的反复观察,符合上述四条标准者均可判定为死亡。

虽然到目前为止,世界上还只有十多个国家在法律上和医学上接受了上述死亡标准,但它带来了死亡观的巨大变革,因为脑死亡概念的产生不仅意味着人们已经在理论上和实践上最终肯定了生命中枢是大脑而不是心脏,而且意味着人们对死亡的认识已经从传统的生物医学模式转向了生物-心理-社会医学模式。脑既是生命的主宰又是思维的器官,而思维正是人的社会性的根本体现,是人类与兽类的本质区别之所在。人一朝无思,就一朝无"我"、无社会、无世界,所以,脑功能的全面丧失,特别是思维的丧失,实际上已经表明人已从人类的世界上完全消失。人的四肢和五脏六腑可以置换,但这种置换只会引起外形的改变而不会影响人的社会特征和人格同一性。今天,人可以移植猴脑,甚至可以用微电子元件代替脑中的某一种神经部位,然而,移植的人脑已非原来的人脑,再造的人脑也必须经历重新学习的过程。这就使得人格的同一性被彻底打破了,被置换头脑的那个人实际上已经离开了人世,因为尽管人的身体还活着,但它完全是受另一个头脑的支配,以这个头脑为物质基础的气质、性格、情感、意志、思维方式、价值观念以及其他显示人的一切社会特征的东西都与以前大相径庭。既然正是人脑决定一个人与另一个人的本质区别,那么,移植和再造人脑本身就意味着人的死亡。所不同的是,这种死亡并非肉体的完全毁灭,因而亦非生命过程的绝对终止。

在现代医学中,死亡被分为濒死期、临床死亡期和生物学死亡期。在临床死亡期,脑功能会不可逆地丧失;在生物学死亡期,人体的新陈代谢相继停止,体细胞完全死亡。因此,严格说来,只有等到生物学死亡结束,人的生命才算完全毁灭。如果有朝一日人脑能够置换或再造,谈论生物学死亡期也就没有多大意义。但我以为,脑死亡标准仍能适用,因为衡量一个人死亡与否最关键的是要看表现其社会特性的意识功能是否消失。

从理论上说,任何标准都有自身特定的适用范围,死亡标准也不例外:如果现实中出现了不符合死亡标准的反例,我们就应当问一问,我们的观察方式和检测手段是否可靠,而如果反例过多,我们就应当怀疑这种标准是否适用并且考虑制定新的死亡标准,在目前情况下,根据脑死亡标准而作出的死亡判断已极少出现"死而复生"的现象。不过,有个 15 岁的以色列男孩在被诊断为脑死亡之后,经抢救,两周后又观察到他有微弱的脑电活动。但这并不能证明他恢复了意识,更何况他最终亦未能复活。所以脑死亡标准比传统的心肺死亡标准更能客观地反映个人死亡的事实。

尽管如此,脑死亡标准的推行还是遇到重重阻力,这不仅是因为各种习惯势力、传统观念和法律制度不可能一下子适应新的情况,而且是因为大脑和心脏本是一个相互联系的整体,在现代医学还不能将它们绝对分离的情况下,心死会马上导致脑死,从而导致人死,况且,脑死还是一个比较模糊的概念,我们可以把它理解为全脑死亡或脑干死亡,也可以理解为大脑死亡或新皮质死亡。脑死过程的阶段性和层次性使我们必须对脑死本身做更加详细的规定,否则会影响人们对待死亡的操作过程,不管现在的争论多么激烈,我相信,脑死标准总有一天会成为众所公认的客观标准。

二、死亡的文化规定

美国普利策文学奖获得者恩斯特·贝克尔(Ernest Becker)在风靡一时的著作《死亡的否定》中写道:"在达尔文之后,死亡问题作为进化问题处于首要地位。许多思想家随即看到,它是人类的主要心理问题。"[①]在此,贝克尔的确道出了死亡问题的重要地位。然而,死亡问题不仅是生物学、病理学和心理学的重要问题,而且是文化学的重要问题。我们必须区分和综合生理学意义上的死亡和生存论意义上的死亡。前者涉及死亡的自然规定,后者涉及死亡的文化规定,只有充分了解这两种规定才能获得完整意义上的死亡概念。

---

① Ernest Becker, *The Denial of Death*, New York: The Free Pess, 1973, p. 11.

众所周知,人不仅是自然存在,而且是社会和文化的存在,人不仅是肉体的存在,而且是精神的存在,所以人的死亡并不仅仅意味着生命的终结。正因为人是精神的存在,他就可以超出感性的个别性,并借助这种个别性而上升到概念和普遍性。当精神达到一定的阶段,自我离感性的东西越来越远,精神反而更能接近实在性。换言之,精神是在最终离开现象界的时候才能彻底地把握现象界,并给世界赋予意义和价值。因此,我们不能把具有精神的存在者的死简单地归结为没有精神的存在者的死,因为在精神里可以看到由死产生的不死的可能性。死亡作为生命的最高界限和可能性不仅从反面规定了生命的意义,而且本身就包含着人的自然规定和文化规定。

大量的人类学资料表明,人类最初是从超自然方面,从社会文化方面,从被自身制度化和仪式化的社会行为方面,而不是从人的生理心理方面去理解自身的死亡的。根据列维-布留尔在《原始思维》中所报道的斯宾塞(Spencer)、吉利恩(Gillin)和罗斯科伊(Roscoe)等人的研究,澳大利亚的土著蒙哥达人(Mugonda)认为死是由鬼造成的,芳人(Fang)认为死是由巫师造成的,契洛基人(Cherokees)认为死是由恶灵、咒师造成的;至今仍有许多非洲人相信,人的死亡都是横死。不管这些处于原始文明中的人对死的看法多么千差万别,有一点是共同的,他们都力图到自然过程以外去寻找死亡的原因。正因为如此,死对他们具有极端的神秘性。由于死与巫术有着如此密切的关系,死亡的方式在很大程度上影响着巫术的发展,巫术则反过来给死赋予了不同的意义。在与死亡相关的巫术支配着人类生活的时候,"没有一个人可以离开巫术行事,甚至没有人有取消巫术的想法,每个人都或多或少地倾向于怀疑自己的邻人随时在采用巫术,同时又可能成为这种怀疑对象"[1]。马林诺夫斯基也发现,在初步兰人(Trobiand)那里,"疾病、健康或死亡是巫术或反巫术造成的结果"[2]。巫术引起人们对死亡的忧虑,同时又减轻了这种忧虑。他们把疾病或死亡归因于巫师,这

---

[1]　列维-布留尔:《原始思维》,丁由译,商务印书馆,1985 年,第 271 页。

[2]　B. Malinowski, *Argonauts of the Western Pacific*, London: Waveland Press, 1984, p. 73.

意味着死亡不被看成自然现象,而是被看成人为的现象。巫师作为社会文化活动包含许多不断得到完善的技巧、仪式,包含着人的各种原始而又近乎神秘的文化态度与感情。

如此看来,在原始文明中,死亡现象首先是一个文化现象,其次才是一个自然现象。如果不了解这一点,我们就很难理解死亡事件对原始人的社会行为的影响,也很难理解死亡现象在人类生活中的意义。

在此,我们不妨进行一下语言分析,这也许可以大大有助于我们揭示死亡的各种文化意义。据不完全统计,汉语中表示死亡的词多达150余种,这是任何一种西方语言都无法比拟的。更有趣的是,汉语中表示死的词还多于表示生的词。人死的年龄、死的方式、死者的社会地位、生者与死者的关系、生者对死者的态度无不体现在人们对死的称谓之中。这种奇特的语言现象不仅从一个侧面折射出中国人对死的体验的广度和深度,而且强化了中国人面向古人、面向历史和重视死亡的心理。为了表示生者对死者的敬畏,减轻生者对死亡的恐惧,缓解死亡给人带来的痛苦,人们常常讳死言"殂"、言"逝"、言"去"、言"千古"、言"归西"等等。由于中国皇帝具有至高无上的社会地位,他的死也相应地具有特殊的说法,如"晏驾""驾崩""山陵崩""殂落"。①对于死,道家有"驾鹤西游"之说,佛家有"圆寂"(归寂、示寂、入寂)、坐化(物化、恒化、鹤化)之谓,年少死亡被称为"夭折",死在外地被称为"客死他乡",靓女弃世被称为"玉陨香消",等等。所有这些不但反映了中国人的慎终追远的心态、畏死的真切心情、达观的生死态度以及社会的等级观念,而且表现出中国人给死亡这个人人都不可逃避的自然必然性涂上了最为丰富的感情色彩,从中也可以看出中国人对死亡意义的普遍压抑。

不仅如此,死亡作为人生的重大事件和个人最本真的可能性,似乎只有通过转化为社会过程才能获得自身的现实性。如果说社会过程是分阶段完成的,那么,死也是分阶段完成的。在这个通过各种偶

---

① 《出师表》:"先帝创业未半而中道崩殂";《尚书·舜典》:"高乃殂落";《尔雅·释诂》:"殂落,死也"。

然性体现出来的自然过程中,渗透着个人与个人的关系、个人与群体的关系以及个人与传统的关系。但是,这些关系在生命的自然性面前悄然隐去了,于是,人们首先看到的是自然的必然性或死亡的自然性。因此,人们往往在自然的意义上把死亡定义为"血液循环的完全停止,呼吸、脉搏的停止"。今天则有越来越多的人相信,人脑的死亡即意味着人的死亡。但是从生存论意义上看,确定人的死亡必须涉及人的自然过程以外的东西,必须涉及人的社会文化规定,死并不仅仅意味着心跳的停止或大脑的死亡。在人类历史上许多人相信,"死人只是在结束丧期的终结仪式举行以后并只是由于这次仪式才成为完全的死"①。所谓"完全的死"是指死人与活人彻底脱离了关系。在许多原始人或部分文明人看来,要断绝死人与活人的联系就必须举行一定的仪式,这些仪式不仅使个人的死获得了群体的确认,从而使死亡事件成为社会事件,而且生者通过对死者的哀思之情充分意识到自己与死者的区别,并重新确立死者与群体之间的新型关系。据人类学家们的调查,加拿大的印第安人常常是在人实际断气之前就举行丧礼并随即把他埋掉,阿比朋人亦大致如此。但在一般情况下,宣布死亡的仪式是在人实际断气之后进行的。在不同文明中,确定死亡的时间自然是不同的。法国学者赫兹(R. Hertz)在"死亡的集体表象研究"一文中记载,在苏兹人那里死是分阶段完成的,只有把从生者头上剪下来的头发埋葬之后,一个人才算真正死了。②东非和澳大利亚的土人则认为,只有肉体腐烂,死亡才告完成。中国的不少地方有回丧的习俗,回丧之日的各种仪式除了表示生者要消除对死亡的恐惧外,还标志着死亡过程的最终完成。《颜氏家训》云:"偏旁之书,死有归杀,子孙逃窜,莫肯在家;画瓦书符,作诸厌胜;丧出之日,门前燃火。户外列灰,被送家鬼,章断注连。"③一望即知,这里的"画瓦书符,燃火列灰"使死亡具有

---

① 列维-布留尔:《原始思维》,丁由译,商务印书馆,1985 年,第 333—334 页。
② Robert Hertz, *Death and the Right Hand*, London and New York: Routledge, 1960, p. 59.——编者注
③ 《颜氏家训》卷二。

象征意味,它把人为的、社会的因素注入死亡的自然过程中,从而在死的自然性之上加入了死的文化性。

然而,死并不意味着一切生命活动和一切存在形式的完全消失。汉语中有"永垂不朽"和"虽死犹生"的说法,这反映了人们潜意识里希望灵魂不死,反映了人们对生的留恋,同时也体现了死的文化性——死亡是一个有待人们去填充的空洞,它的意义随着文化传统的改变而改变。许多事实表明,关于死亡的风俗是人类社会中最持久的风俗,而"包括婚姻、巫术、种植、经济交易中的各种态度在死亡时的行为方面都有最强烈的表现"[1]。从这种意义上说,我们常常能从死亡现象中发现人类文化的萌芽,也看到通过各种习俗表现出来的普遍心理。

死亡是人类存在的总体现象。如果我们仅仅把它看成单纯的自然过程,那么,我们不仅不能说明人的死亡与物的死亡之间的本质区别,而且无法理解许多死亡相关的文化现象。即使是由纯粹的自然因素导致的死亡,它也多多少少打上了社会和文化的烙印。今天的人类比以往任何时代都更深地陷入了这样的困境:一方面,随着社会的发展和文明的进步,人类越来越多地把死亡归结为自然过程,而抛弃了以超自然的原因来解释死亡现象的做法,从而减少了人们对死亡的神秘感;另一方面,人类越来越疏远自然,核武器和辐射尘的出现作为人类疏远自然的象征,已把人置于无所适从的境地。两次世界大战的教训和愈演愈烈的核竞争,使我们深深地意识到,对人类生存的最大威胁已经不再来自自然,而是来自人类自身。确切地说,造成死亡的自然因素随着社会的进步相应减少了,而引起死亡的潜在的社会文化因素正在急剧增加。在古代,人类用自己时代的最高文化去为死亡服务(埃及的金字塔和中国的秦皇墓就是明证),而今天人类却用最尖端的科学技术去制造死亡(制造杀人的核武器)。大工业的发展一方面为人类带来了福音,另一方面也造成了前所未有的疾病。这样我们就不能不透过死亡这个不可回避的现象去重新审视人类的前途,重新思考

① 本尼迪克特:《文化模式》,何锡章等译,华夏出版社,1987年,第125页。

文明的宿命,重新发现人类生存的可能性。这也使我们不能不提出一个耸人听闻的问题:迄今为止的人类文明是否走错了道路?

三、丧礼:以生饰死

丧礼是一个十分普遍的文化现象,它既显示了人类生死的秘义,又浓缩了人类的悠久文明,也反映了人类的共同心理,还以典型的制度化形式同化和保持着不同文明的异质因素,并维持着各个民族的文化传统。在一切民俗中,丧礼的形式之所以保持得最为悠久,变化得最为缓慢,乃是因为它涉及人性的最深刻、最内在的方面。

荀子曾就举行丧礼的原因和意义做过如下分析:

> 丧礼之凡:变而饰,动而远,久而平。故死之为道也,不饰则恶,恶则不哀;尔则玩,玩则厌,厌则忘,忘则不敬。一朝而丧其严亲,而所以送葬之者不哀不敬,则嫌于禽兽矣。君子耻之。故变而饰,所以灭恶也;动而远,所以逐敬也;久而平,所以优生也。①

荀子的看法代表了几千年来中国人对死亡的基本态度。对他来说,丧礼体现了礼之极致,因为一切礼都只不过是讲究养生送死之道,这也就是他所谓的"礼者,谨于治生死者也"②。但是,丧葬之礼是"礼义之法式"③,是臣重其君、子重其亲的最后机会。在这里,人道完成,天数已尽。如果说生是人之始,死是人之终,那么,要达到始终俱善,就必须敬始慎终。也正是在这种意义上,荀子认为,厚生薄死是奸人之道,信叛之心。这种观点也许有偏颇之嫌,但也道出了丧礼的实质:"丧礼者,以生者饰死者也,大象其生以送其死也"④。一个"饰"字道破了举行丧礼的心理

① 《荀子·礼论》。
② 同上。——编者注
③ 同上。——编者注
④ 同上。——编者注

13

根源和社会根源。这里的"饰"字不仅意味着"整饰",而且意味着"美化"和"掩盖"。问题在于,人类为什么要以生饰死呢?

古往今来,死往往是人类最忌讳的话题,讨论死甚至需要很大的勇气,因为死亡的震颤把人抛入了极度的焦虑不安和阴森恐怖的情境之中。在人类社会的早期,人们并没有清楚地意识到,对死后世界的宗教感情诚然能使人以超验的眼光去看待现实世界,给人带来心灵的安慰。但是宗教所设定的那种空虚渺远的彼岸世界牺牲了现实的人生,人们幻想能以暂死来渡常生,相信"任何人越死于自己,越能开始为天主而生活"①。但在现实生活中,他们时时碰到死亡事件,因而不得不一再面对死亡的现实性。当人类找不到克服死亡情绪的有效方式时,对死的内在恐惧就迫使人们不断地压抑死亡的意识,正因为如此,在日常生活中人们常常轻描淡写地谈论"某某人死了",仿佛死亡与自己毫无关系。尽管他们确知人终有一死,但总是把这个不知何时发生的事情推到遥远的未来。此外,许多人在谈论死亡问题时总是躲躲闪闪,或者千方百计地掩盖死的事实,甚至违心地劝说濒死的病人相信不久即将重返他们过去的世界。据屈布勒-罗斯的研究,濒死者一开始总是对死亡采取不接受以至否定的态度,而丧失亲友的人们几乎都幻想过死者的复活。②

所有这些都不过反映了人们畏死的普遍心理以及对死亡意识的压抑,丧礼则以公开的形式满足了这种需要,因为它可以在人们不得不承认事实时尽量掩盖死、削弱死,减轻死亡给人带来的恐惧。在人类社会中,"死亡是生活给予最直接的冲击,它威胁着团体的团结,尤其当死者是成人时,就会要求有巨大的再调整,并常常意味着给生者造成孤独、凄凉与悲哀"③。在许多情况下,为死者举行葬礼之所以有举足轻重的意义,不仅是因为它以社会化的惯例的形式割断了死者与生者的联系,巩固了死者生前在人们心目中的地位,而且通过丧礼,死者亲属可以获得社会的普遍同情和支持,并且让社会来承担个人的悲哀。从这种意义上

① 语出《师主篇·卷二》。
② E. Kübler-Ross, *On Death and Dying*, New York: Atheneun, 1969.
③ 本尼迪克特:《文化模式》,何锡章等译,华夏出版社,1987年,第125页。

说,人们把对死者的安慰实际上变成了对自己的安慰。丧葬之礼与其说是为死者举行的,还不如说是为活人举行的,因为死亡的意义并不在于死人而是在于活人。同时,由于丧礼向生者暗示了他们的未来(死亡是人的宿命),人们总是力图用生活的美好去淡化死亡的悲哀。

在举行丧礼之际,人们为死者准备了色彩斑斓的棺材,对遗体进行精心的处理,在死者周围放上鲜花和松柏,向死者献上挽联和花圈,用千篇一律的悼辞为死者歌功颂德,相信死者"永远活在我们心中"。在中国的不少地方,人们把结婚称为"红喜",把死亡称为"白喜",在丧礼之后要办酒席,就像结婚要置办酒席一样。另外,中国人常把棺材称为"寿材"或"长生",把为死者准备的衣服称为"寿衣",所有这些都不过是用生美化死、冲淡死、掩饰死,使人们尽量不觉得死之可悲。

据说,在加拿大,活人总是从身上解下最宝贵的东西打扮死人,他们常常启开死人的坟墓,给死人换衣服,他们宁肯自己挨饿,也要给死人准备食物。① 在伊斯列塔,举行遗体告别仪式之前,主持仪式的祭司要设一个祭坛,并把死者生前的东西放在祭坛上,另外,还要放上大家贡献的食品。从房门到祭坛的路上,祭司要撒上玉米。他们一道为死者进最后一次食,并把他送去。②

在中国,这种以生饰死的想象更是随处可见。由于相信灵魂不死,相信死后与生前的一致性和某种程度的连续性,中国人一直奉行"事死如事生,事亡如事存"③的原则。在丧礼期间,尽管人们涕泪沾襟,悲痛欲绝,但幸生之心不已,持生之事不辍。周去非《岭外代答》卷六记载:"钦人始死,孝子披发顶竹笠,携瓶瓮,持纸钱,往水滨号恸,掷钱于水而汲归浴尸,谓之买水,否则邻里以为不孝。"今天有不少地方仍盛行这样的风俗:停尸期间,灵堂上要设置死者的牌位,牌位前放有酒食。此外,要为死者准备纸钱、纸制的器具、牛马、亭屋等等。出殡

---

① Pierre-François-Xavier de Charlevoix, *Joural d'un voyage fait par ordre du roi dans l'Amerique Septentrionale*, tome 3, Paris : Libraie Rollin Fils, 1744, p. 372.

② 本尼迪克特:《文化模式》,何锡章等译,华夏出版社,1987 年,第 85 页。

③ 《中庸》。——编者注

那天,人们把这些东西统统烧掉,以表示为死者在冥间所有。在有些地方,人死后并不马上埋葬,而是把棺材在地面上停放几年(如果死者没有后代或属凶死,通常是立即下葬)。

在丧礼上,死者始终是生者感情的中心。居丧的亲朋们在此之际表现出极端矛盾的心理:一方面,他们对死者表现出依依的留念和敬慕;另一方面,他们对尸体感到莫名的绝望和厌恶,因此而引起的周围环境的变化则使他们惶惑和恐惧。焚尸与制作木乃伊是这种矛盾心理的极端反映,前者是要断绝与生者的联系,后者是要保持这种联系。澳大利亚有将死人的脂肪涂在活人身上的习俗,在中国孝子常穿死者的衣服,这都象征着死者与生者的联系。由于丧礼牵动着人的灵魂,人的人味或情味也就充分体现在其中。在生活中我们每每发现,在哭得死去活来之时,亲属们甚至有与死者同去的轻生向死之心。在这里感情的流露是自然的,行为本身就是目的,并且这些感情和行为都被丧礼认可,"被丧礼所排演出来,于是借着自然的事实而创造出社会的意义"①。

就个人而言,丧礼把生与死分离开来,因而是生命由一种形态过渡到另一种形态的转折点。它标志着在世的完成,标志着生命的各种可能性的中断,标志着人的偶然性变成的自然的铁的必然性。如果说人的在世由于死亡时刻的不确定性而展现出无穷的可能性,那么,丧礼就使人充分意识到这些可能性的丧失,从而把人封闭在过去的自我里。换句话说,丧礼是确定人的存在、承认人的社会地位的一种方式。有鉴于此,古代中国人和希腊人都把丧礼看得十分重要。如果有人听说别人将不为他举行葬礼,他将感到这是对他莫大的侮辱。实际上,丧礼也确实在一定程度上反映了社会对死者的尊重程度,因为在丧礼之际,死者因其年龄、性别、声望或地位而得到不同的待遇。今天,尽管丧葬之礼大大简化了,但人们一有机会仍要以生的不平等性去体现死的不平等性。一般人的死很可能只是家属的事情,而某个重要人物之死则成了全社会注目的事件。为个人举行国葬则是把死亡现象社

---

① 马林诺夫斯基:《巫术、科学、宗教与神话》,李安宅译,中国民间文艺出版社,1986年,第34页。

会化的最高形式。事实表明,在迄今为止的人类社会中,生的不平等性最终总要通过处理死亡的方式表现出来,丧葬之礼的不平等性或多或少地强化了人们的不平等观念。

就社会而言,丧礼通过克服恐惧、失望、灰心这些影响群体生活的离心力,使受到威胁的社会组织得到重新统协的机会,因为丧礼不仅满足了个人表达基本感情的需要,而且增强了家庭、朋友以及死者亲属与其他社会成员之间的关系,增加了人与人之间的"亲和力"和凝聚力,使个人的感情化为社会成员的普遍感情,使个人与团体的同一性得到确认,使社会的稳定性得以加强。在原始社会中往往会破坏正常的社会生活,甚至威胁群体的生存。在这种情况下,丧礼把人们重新统一起来,并能激发人的自我保护本能,从而为统协社会生活、保持文化传统创造条件。

的确,丧礼使人意识到死的现实性,从而使人意识到生的现实性,同时也使人意识到群体的力量,意识到死亡对于人生的决定性意义,意识到在世的肃穆和庄严。表面上看,婚礼和丧礼仿佛是人生的两极,前者象征人的欢欣和合,后者象征人的悲戚离散;前者把个人纳入新的集体,后者使个人与集体分离。实质上,由于生与死在人们心目中并没有绝对分明的界限,人们的生死意识常常交织在一起。在古希腊人那里,结婚的服饰仪式被移用于死者,新娘的服色以及沐浴涂膏等均与死人时相同。在他们眼里,人死升天,与诸神结合,以男女婚配为象征,而此世的死亡即是彼世的结婚,有一首希腊挽歌表达了这样的心境:

> 不,我不停留了,我的亲爱的父亲
> 和深爱的母亲。
> 昨天是我的好日,昨晚是我的结婚,
> 幽冥给我当做丈夫,坟墓作为我的新母亲。[1]

---

[1]　周作人:《自己的园地》,岳麓书社,1987年,第679页。

此处的悲伤启示着生的希望,结婚的欢悦中潜伏着死的忧伤。生中刻下了死的预言,死里孕育着生的萌芽。这便是生与死的相同性。

与此相似,成年礼中也常常渗透着死的意识。在澳大利亚的许多部落里,成年礼一般要再现一个人从生到死以及由死复生的过程。土人们毁伤青年的肢体,要他们装作当场死亡、旋又复活的样子。长者们常常告诉青年人,说有一个超人的主宰要吞没他们,然后又让他们复活。人们还相信,经过成年礼的人正在走向死亡。死的颜色是白色,行成年礼的人的身体也涂成白色。在原始人看来,人们在生生死死,又在死死生生。甚至在第二次死以后还可以继续存在,一直等到另一次转生。死像生一样是分阶段完成的。成年礼所模仿的死的第一阶段不过意味着灵魂的迁移,意味着灵魂暂时离开身体,但仍然停留在身体的跟前。①

在这里,死似乎是人从一个世界进入另一个世界的门径。尽管这里的死仅仅具有象征意义,但是,它标志着人的确定存在的开端,因为它把人的生理过程转变成了社会过程,它使人充分意识到自己的存在,意识到只有通过死人才能进入人的世界。如果说丧礼是以生者饰死者,那么,成年礼则以死(当然是假死)反衬出生的珍贵。同时,它"在体格成熟之上加上已为成人的意识,使青年尽义务、享权利、负责任,并且认识传统,从而与圣物接近"②。然而,不论是丧礼还是成年礼,都不过是把生与死作为同一过程的两个方面。它们不仅表明了生与死的阶段性,而且起着一种无形的范式作用,使人意识到人的尊严,并通过一连串的活动把它化为现实活动的目标。正因为如此,荀子把"生则天下歌,死则四海哭"③作为一种人生的理想。

此外,随着人类自身的对象化,人把自己投射到自己创造的对象——神之上。神有人的形象,人的感情,人的命运。人不免一死,神

---

① 列维-布留尔:《原始思维》,丁由译,商务印书馆,1985年,第345页。

② 马林诺夫斯基:《巫术、科学、宗教与神话》,李安宅译,中国民间文艺出版社,1986年,第23页。

③ 《荀子·解蔽》。——编者注

作为人的创造物也会陷入同样的境地："埃及的那些大神自己也不能逃脱这一共同命运。他们也要衰老死亡。后来发明了涂油防腐的技术,可以防止尸体的腐烂,给死者以魂魄和新的生命机会,神也分享了这一发明的好处,有了可以永生的合理希望,于是各地区都有了自己亡神的坟墓和木乃伊"。[①]

　　由此可见,神性是人性的改铸,神死是人死的投影。人从神的死亡中获得一种自宽自慰和惺惺相惜的感觉。人们对基督教的上帝的长生不死不仅产生敬畏,而且感到惊讶,其原因也就在这里。而在现代人尼采的笔下,上帝与众神都同样逃脱不了毁灭的命运,这不仅是对基督教的反叛,而且是生死观的一种变革,因为它指出了人和人所创造的对象的有限性,使人类不再洋洋自得于自己所创造和皈依的对象,而是让它与人共在,与人一起参与宇宙的生死轮回。这样,人类所创造的最后一个避难所彻底崩溃了。但是,旧的上帝死了,新的上帝又被一再创造出来。在福轻似羽、祸重如山之际,人们彷徨歧路,举步维艰,于是需要以神灵来转嫁死的痛苦,寄寓生死的希望。

　　总之,丧礼以及它们的各种转形是从不同的侧面体现了人类以生饰死的企图,反映了人类对自身终极命运的关怀,凝聚了人与人之间的崇高感情,并以此维护着文化传统的神圣性与延续性。当我们沉沦在生的繁忙和烦忙中,我们是否应该时常问问自己,如果人类剥夺了死的基本意义,是不是实际上也在一定程度上剥夺了生的意义呢?

---

① 弗雷泽:《金枝》,徐育新、汪培基、张泽石译,中国民间文艺出版社,1987年,第392页。

第二章　死亡现象与濒死体验

　　死亡本身是不可体验的,因为对于必有一死的个人来说,死永远都是一种可能性。从来就没有一个人从彼岸世界返回并向我们诉说死亡时的经历,如果能做到这一点,那就说明他根本就没有死。死既是对生命的否定,那么,我们就无法了解死去的人对死的体验,只要人生活在人的世界并且不能超生越死,他就无法知道此岸世界与彼岸世界的区别,况且,这种区别也不过是地地道道的假说而已。如果人不会死亡,关于彼岸世界的假说就没有任何意义。许多人试图以这种假说为基础去说明生者与死者的沟通从而了解他们所说的死亡体验,殊不知,一切以假设为根据的知识永远都只能是假设。死是生命的界限,人只有站在这个界限之外才能划清和充分认识这个界限。可是,至今为止,我们还没有丝毫的理由相信,人可以站在这个界限之外,面对这一无法摆脱的困境,我们为了探讨死者对死亡的生理心理反应就不得不着眼于他在濒临死亡时的内心体验和感受。

　　所谓濒死体验,是指遭受严重创伤和疾病但意外获得复生的人,预感自己即将死亡又侥幸脱险的人以及头脑清楚地死去的人所叙述的在面临死亡时的内心体验。这种体验通常表现为正性情感体验,比如相信自己已经死亡,自己处于身体之外,穿过黑暗隧道,在另一个世界里遇到死去的亲人故友,或回顾往事以及有一些明显的特异功能,等等。这种体验是临终心理变化的集中表现,尽管它持续的时间比较短,但它发生在人面临死亡的紧要关头,对人的情绪转化有着深刻的积极的影响,它所包含的异乎寻常的内容常常令人兴奋、令人惊奇,对它的深人探讨不仅有助于我们揭示垂危者的心理奥秘,而且有助于我们利用病人的濒死体验来采取应急措施使病人转危为安,或在病人不得不死的时候让他尽可能愉快地死去。因此,研究濒死体验既有重要的理论意义又有深远的实践意义。

自 1892 年瑞士地质学家海姆(Albert Heim)对濒死体验进行现象学描述以来,西方许多学者已从生物学、心理学和精神医学的角度对它做过广泛的调查和研究。遗憾的是,这些研究至今仍为神秘的气氛笼罩着。如果我们能探明它的机制并能有效地运用它来帮助人起死回生,那么,科学的阳光才算真正进占了死亡领域。

一、隧道体验与全景回忆

1959—1960 年,美国心理学家奥西斯(Karlis Osis)曾就临危病人的濒死体验走访了几千名医生和护士,调查了三万五千名临危病人在死前的反应。1961—1964 年他又在美国一些医院进行类似的调查。为了弄清文化因素对濒死体验的影响,他于 1972—1973 年与厄尔兰德·哈罗德森(Erlendur Haraldsson)合作,在印度做了又一次大规模调查。这些调查为我们进一步探讨濒死体验的机理提供了宝贵资料,其结果正如一篇报道所指出的那样:

> 许多人描述的这一经历都令人惊异地相似,他们都说那时的感情安宁平静,伴随着升华超脱感,飘逸进入一如隧道般空寂黑暗的所在,在那里,他们历历在目地回顾了人生,在一团辉煌的华光晕照中见到了死去的亲人,然后在亡人的指点下回到了他们的身躯中。①

上述报道中所说的病人在濒死时感觉自身通过黑暗隧道的印象,

---

① 见《解放日报》1989 年 12 月 12 日。

我们可以称之为隧道体验。在这种体验里,濒死者往往能听到一些奇异的嘈杂声,或者感到自己被挤压和牵扯,他慢慢通过隧道,眼前一片漆黑,偶尔听得见潺潺的流水声,有时伴有暖融融的气浪。经过慢慢地摸索之后,濒死者仿佛看到远处的亮光,继而是五颜六色的景象。与黑暗的隧道相比,只是一个令人目眩同时又令人向往的境界。迷人的色彩和拂面而来的凉意给人显示了另外一个清新的世界。面对此情此景,濒死者觉得神意照体,周身融融,仿佛来到了温和舒适的故乡。

从心理动物学的角度看,这是濒死者对自己从母体中出来时的记忆,它象征着人从死亡走向新生的过程。当死亡的信号来临,人对外界的刺激很难接受,因而更谈不上作出有效的反应。在这种情况下,被外界刺激信号所占领的思维空间得以空出地盘,原来被压抑下去的意识被解放出来。因此,儿时的记忆有可能在死时一一浮现在脑里。濒死者的隧道体验非常有力地表现了他的求生愿望,或者说,隧道体验本身就是生与死的连接方式。在这里,如果人完全被推向生与死的循环,那么,人通过隧道体验而实现的再生的可能性就体现了人生的圆满境界。人两次从母体中出来,刚好走完一个圆圈。尽管第二次的"出生"仅仅是一种心理体验,并且只有象征意义,但当事人却感到十分真切,就像人在梦中常常不觉得自己处在梦中一样。隧道体验的积极作用首先就在于它使人有一种新生的愉悦感和幸福感,从而可以缓解以致消除人在死前的紧张、忧虑和痛苦,而这一点恰恰是每个濒死者所期望的。其次,人在此时所看到的"光明"使人在绝望中看到了希望,希望之星的出现则把意识由生到死的过程加以推迟,从而有利于保存和集聚心理能量,或用已经储存起来的能量重新建立一种对抗死亡的新防御机制。再者,隧道体验给人带来一种满足感和充实感,因为它能让人了解自己出生时的情景,获得以前不曾得到的生命体验。一般来说,人只能回忆两三岁以后的事情,他对生活的体验和感受则是从更晚的时候才开始的。所以,每个人都无法确切了解自己从母体降生时的情形,更无法感受来到人世的过程,他所感受到的只是人世的悲欢,人情的冷暖。隧道体验是我们了解自己降生人世的唯一机会,它标志着自我体验的完成同时又隐喻着自我体验的开始。从这种意义上讲,我们可以从隧道体验中领悟生活的全部丰富性。

　　然而,隧道体验不仅仅表现为濒死者有从母体中降生的感觉,而且有时有一种回归母体的感觉。在某些情况下,濒死者感到自己穿过黑暗隧道来到一个异常柔软的地方,仿佛自己赤身裸体从寒冷的所在一下子跳进温暖的浴池,这时,一股暖流传遍全身,真有说不出的舒泰。有时,濒死者觉得自己被柔软的东西包裹着,并在其中沉沉地睡去。这种体验的象征意义非常明显,濒死者期待回到母体而新生,希望获得温暖和安宁。我对隧道体验的上述解释在这里同样适用。如果说脱离母体和回归母体的共同之处在于它们意味着新生命的开始,那么,它们的不同之处则在于,脱离母体表征着个体要求生命的独立,而回归母体则表征着个体试图寻求生命的依托。前者是生命的分化和增殖过程,后者是生命摆脱孤独和无助的过程。

　　有趣的是,一些神话对死亡的描述与不少人叙述的隧道体验有着惊人相似之处,以致我们可以说这些神话是隧道体验的升华。

　　据说,波利西尼亚的半神半人的魔术师毛依喜欢开玩笑,他干的最后一件事是从夜神希娜那里为男人和女人偷取不朽。一天,毛依潜入海底,找到熟睡着的伟大的希娜,她的阴道像一扇门,毛依由此进入她的身体。他把她的心抱在怀中。然后,他把双足伸出洞外,这时,一只鸟看见毛依在阴道口扭动的两腿,便笑了起来,希娜醒了,合拢阴道,于是,毛依死去了。[①]

　　这个神话暗示了死与生的共通性。就此而言,它与隧道体验殊途同归,如果说后者是个人在濒死时为自己找到的对抗死亡恐惧的手段,那么,前者是人类渴望无限和试图超越有限性的明证。人从黑暗中走来,最后又复归于黑暗,在两极的黑暗之间即是生命的光明,尽管个体生命在生时无法体验自己的生,在死时无法体验自己的死,因为它们不具有主观的性质,而是客观的事件,但是隧道体验却使我们在

――――――――

[①]　参阅 Maxine Hong Kingston, *China Men*, New York：Knopf, 1980, p. 122。——编者注

死时体验到生,在生时领悟到死。当我们通过隧道体验认识到死蕴含着生,生扬弃了死时,我们也就否弃了光明与黑暗、存在与虚无的绝对界限。伟大的夜神希娜正是在黑暗里把人带向不朽;毛依把她的心"抱在怀里"象征着人类对母体的依恋和敬爱,他进入希娜的身体并在体内死去则体现了人类对死得其所和死后复生的希望。毛依死了,希娜依然活着,毛依在她那里寄寓了永恒。

与隧道体验相比,人在死亡前的"全景回忆"同样能把人置于高峰体验。当人处于这种状态,往事如烟并在他的眼前一幕幕浮现出来,就像影视图像很快从他眼前掠过。全景回忆的内容多半是令人愉快的事情,而极少包含对他人的指责和恶意。"鸟之将死,其鸣也哀;人之将死,其言也善。"①濒死者每每想起自己的童年,想起那些给过他关怀和温暖的人们,想起那些给他带来快乐的事件。在他的眼前似乎只有阳光、鲜花和笑脸。有时,濒死者会觉得自己处在以前到过的最美的地方,在那里与人谈笑风生或进行最快乐的游戏。诚如许多濒死被抢救过来的人所表明的那样,一般的回忆总是沉重的,而濒死时的全景回忆却是轻松而美好的,他的心灵就像一部摄像机,整个人生旅程的每一事件都拍摄在里面。在全景回忆里,人的光明面一一展现出来,而阴暗面却被压抑下去。

显而易见,濒死者的全景回忆体现了人对美好生活的留恋和向往,它是人在死亡面前的退避反应,这种反应使人对生活产生一种有始无终的感觉。既然一切美好回忆都表达了人向过去复归的愿望,既然全景回忆给人以身临其境的感觉,既然他缅怀的过去即是他意向中的将来,那么,濒死者就可以借这种体验改变对死亡的认同和顺从态度并使自己在心理上远离死亡的定局。事实证明,人的意志力在摆脱死亡威胁方面起着极其重要的作用,对两个身患绝症的病人来说,谁的意志顽强,谁就能推迟死亡期的到来。全景回忆恰恰具有增强人的意志力的效果,因为它无论是在客观上还是主观上都使人体会到今生的可贵和人生的价值,从而促使人确信和充分发挥自己应付困难的能力。

---

① 《论语·泰伯》。——编者注

1974 年 7 月的一个下午,我因学游泳而掉进湖旁的一个深水沟里,顿时眼前一片漆黑,胸口闷得厉害。我心想,这下完了,这下完了!于是,一种死亡的恐惧感袭上心头,与此同时,各种念头在我脑海里电闪而过,家人、学校里那些可爱的小伙伴、自己打乒乓球时的情景(那是我当时最喜欢的运动)涌现在脑海,这时,我的头脑变得异常清晰,一种求生的意志和本能使我电闪般地获得了力量,在乱抓乱摸中我触到了沟边的树桩,伸手一探,奋力挣出水面……

当然,不同的人对死亡会作出不同的反应,濒死者的心情是非常复杂的、非常矛盾的,这使我们很难以统一的模式和方法探讨濒死者的心理。对一个佛教高僧来说,死可能是一种超脱,因而非但不可怕相反令人欣喜。对苏格拉底式哲人来说,死可能是一场没有梦的睡眠或是灵魂向另一个世界的移居;对一个不能忍受疾病折磨的垂危病人来说,死意味着痛苦的结束,因而对人是一种宽慰;对一个正值豆蔻年华的姑娘来说,死可能是一件极为可怕、极为悲哀的事情。

但是,全景回忆无疑是许多人的共同体验,这种体验使人从难以言表的恐惧状态中挣脱出来,他的心里会变得异乎寻常地冷静,我不敢断言以愉快的幻想和回忆可以应付生命危机的现实,但我认为,当人身陷死亡困境时,心情的平静始终有助于克服人的消极被动状态,尽管一个人最终不得不表示对死亡的被动认可,但是,只要通过全景回忆减轻对死亡的焦虑和恐惧,它在客观上就可以延长人的生命,至少可以减轻垂死者的悲痛。既然任何焦虑、恐惧和悲痛都会加速死亡的来临,那么,全景回忆自然可以起到积极的作用。有时,它会导致"回光返照"的现象,这种现象作为死亡的预兆可以帮助医护人员或家属认识病人的处境,从而帮助病人建立死亡的适应机制。在这种现象出现时,垂死者的意识往往很清醒,病人的病情和情绪会突然好转,仿佛一夜之间成了一个健康人。这种状况持续的时间越久,病人对死亡的心理准备就越充分。

二、临终奇遇

历史给我们留下了许多关于濒死体验的记载,这些记载之所以对我们有着无法抗拒的诱惑力,不仅是因为我们能从这里感受到人们给他所赋予的各种神秘气氛,而且是因为我们可以从中找到不少人生之谜的历史解答。如果说爱因想象出来的神秘而更加可爱和亲切,那么,死则因想象出来的神秘而变得更加狰狞和可怕。从这种意义上讲,随着对濒死体验的调查和研究的日益增多,随着人在死亡时的神秘感的逐步减少,人的死亡恐惧会相对减轻。对临终奇遇的广泛揭示已使我们在认识濒死者的生理心理反应方面前进了一大步。应当说,这是人类正视死亡现象的开端,因而也是人类科学地探讨死亡问题的前提。

威廉·巴勒特(W. Barrett)首次对临终奇遇进行过系统研究,体现其研究成果的著作①《死床印象》(Death-bed Visions)收集了不少关于临死奇遇的事例。这些事例表明,许多濒死者在意识清醒的情况下,宣称他们在另一个世界见到了死后的生命,并且能报道他们在濒临死亡时所经历的种种事情。他们看见死去的亲朋故友的幽灵并与他们交谈。他们见到地球上所没有的灿烂美景和绚丽色彩,他们具有超常的感知能力和预见能力,有些人则感到自己在已死去的亲人的感召下来到死人的世界,甚至吃惊地发现他并不知道已死去的亲人也在死人的世界里。只有在极个别的情况下,濒死者才会怀疑他们所见到的东西的真实性。由于临终奇遇中的所见所闻常与濒死者的期望很不一致,他们的情绪会因此受到各种体验的极大影响。这些体验会改变他对现实生活的态度,消除他在死亡时的恐惧、忧郁和痛苦,给人带来心灵的安宁、平静以至狂喜,使人在欣慰中离开人世。

巴勒特报道过一个非常有趣的事例。他的妻子是位医生,一天,她被叫去给一个名叫多丽丝的妇女接生,尽管孩子平安出世,但多丽丝本人已奄奄一息,巴勒特夫人讲述了多丽丝在临死时的体验。

她突然急切地望着房间的一隅,脸上洋溢着笑容,她说:"哦,多美啊,多美啊!"我问道:"什么东西美呀?"她以低沉的声音说道:"我看见的东西很美。""你看见了什么呢?""美丽的光辉——神奇的东西。"她

---

① William Barrett,*Death-bed Visions:The Psychical Experiences of the Dying*,New York:Aquarian Press,1988.——编者注

似乎故意把注意力转向另一个地方,并欢快地喊道:"哎,那是父亲,他很高兴我来了,如果W(她的丈夫)也来的话,那该多好啊!"我把他的小孩抱来给她看,她有趣地打量着,然后说:"你认为我该为小孩活下去吗?"然后她又陷入了想象。她说,"我不能,我不能留下来。如果你看见我所看见的东西,你就知道为什么我不能留下来"。

有趣的是,多丽丝在临终奇遇中辨认出她的姐姐维达,也在许多死者的幽灵中间。按照通常的解释,这象征着她的姐姐已不在人世。事实确实如此。维达已在三周前死去,不过多丽丝并未得知她姐姐的死讯。因此,当维达与她死去的父亲一块出现时,多丽丝非常惊讶,她向臆想中的父亲说:"我来了",随后又转向巴勒特夫人说,维达跟她在一起。不久,多丽丝就面带微笑离开了人世。

毫无疑问,多丽丝已为临死奇遇的各种景象所吸引,以至愿意放弃自己的孩子和尘世的生活。从这一点上看,临终奇遇对多丽丝有一种诱导作用,其结果是加速而不是推迟多丽丝的死亡。一般来说,临终奇遇过程总是伴随着死去的亲人对濒死者的召唤,这种召唤可以大大减轻濒死者在死亡时的孤独感和无助感,从而促进人到达心理平衡并尽快调整自己的情绪去适应死与生的反差。如果濒死者觉得自己的死亡不过是故去的亲人的召唤,去与他们团聚,那么,死就自然不是什么憾事,而是求之不得的乐事了。这样,濒死者会很快适应和接受死亡的现实,而不是在消极等待中抑郁地离开人世。

通过现代调查方法和计算机分析,我们可以了解到,许多濒死者的临终奇遇有着惊人的相似之处。他们在这些体验中所遇到的亲人、故友似乎都是来自另一个世界的使者,这些使者的出现对濒死者有一种迷幻作用和示范作用。即使那些使者不开口说话,垂危者也能领悟他们出现的目的——把他接走。只要看到那种极富诱惑力的美丽景致,垂危者就会情不自禁地按照那些幽灵的指引进入死者的行列,因为在那里他能看到在人间曾看到的东西,那是没有肉体、没有世界、没有烦恼,只有鲜花、光明和温馨、恬静的气息,而这种气息足以激起垂死者的死亡欲望,如果欲望十分强烈,垂危者就会责怪那些使他们死里逃生的人。据奥西斯和哈罗德森的调查,几乎一切美国病人和三分之一的印度病人在临死奇遇之际都想死去。事实表明,垂死者所遇到的幽灵多半是死去的父母亲、配偶或兄妹,这些幽灵的出现与死亡时间有着非常密切的关系。当幽灵力图把垂死者引领到另一个世界时,死亡就会很快到来。在许多情况下,垂死者是应死人的呼唤而离去的。假如他不愿死去,他就会大声求救并且躲藏起来。在印度,人们发现了 54 个这样的事例。

　　问题的关键在于,为什么垂死者在濒死体验中所遇到的幽灵是他们的亲朋故友而不是陌生人,这是否意味着灵魂不朽和死后生命的存在? 这是否意味着活人与死人始终保持着现实的密切的联系? 对临终奇遇人们可以引出两种截然不同的解释。一种观点认为,这种体验表明,死亡不过是生存方式的转化。另一种观点认为,死亡是生命的毁灭,临终奇遇不过是濒死者头脑失灵的产物或仅仅是主体的一种幻觉似的内心体验。由于科学水平的限制,我们今天尚不可能对濒死体验作出完全令人满意的解释,但我仍有理由相信第二种观点,正如口渴得冒烟的旅行者常常幻想眼前就是水一样,正如在沙漠中我们能看到海市蜃楼一样,濒死者的临终奇遇是主体的主观愿望造成的。如果一个人希望死去,那么,沉浸在彼岸世界的幻想中也许会令他非常舒服并能减轻死亡前的恐惧。虽然垂危者的焦虑和紧张心理并不能影响濒死体验出现的频率,并且他的期望与其濒死体验的内容恰恰相反(比如,病人一般都希望自己尽快康复,但他在临终体验中所遇到的那些幽灵却要把他带走),但是,这仅仅是一种表面现象而已。只要稍稍了解一点儿垂死者的心理,我们就会发现人在死亡前通常都感到孤独和抑郁,即使对死亡抱达观态度的人也免不了受这类情绪的影响。因此,垂死者本质上都渴望亲人来到自己的身旁,与自己相伴。他之所以幻想有死去的亲人的幽灵把自己接走,无非是在下意识里想摆脱眼前的孤独、痛苦和忧伤,而临终奇遇中的各种美好景象则体现了垂死者对美好生活的渴望与追求,他从中获得的心理满足在某种程度上正是对他的现实生活不完满性的补偿。从这种意义上讲,在经历临死奇遇后垂死者的求死愿望恰恰表现了他的贪生心理和对不死的渴念。

退一步说，即使临终奇遇不是由主观愿望造成的心理意象，我们也不能因此断定死后生命的存在，因而也不能断定幽灵的真实性。事情很简单，如果人死后进入另一个世界，那么，垂死者在临终奇遇中就应当能看到别的陌生者的幽灵，而不仅仅是自己的亲朋故友。从逻辑上讲，在有临终奇遇时，如果灵魂可以脱离肉体而单独存在，那么，当他看到另一个世界的奇光异景时就不会再回到肉体来受折磨了，而且肉体的各种功能因灵魂的离开而丧失。可是在死亡前人的各种功能还在不同程度地维持着，这一点表明，根本不存在灵魂离开肉体这种问题。我相信，临终奇遇是一种心理现象，归根到底也是一种物质现象。

之所以说它是一种心理现象，而不把它看作是神灵作用的结果，不仅是因为它与人的期望作用密切相关，而且是因为它像人的梦境一样是对过去的各种经验的重组和复现。当心灵面临深刻的心理危机时，摆脱这种危机的心理欲求便处于压抑一切的地位，它作为强烈的应激因素既能唤起人对生命的全部热情，又能促使某些病理的观念的剧增，根据危机干预理论，死亡时的战栗要么导致心理防线的全面崩溃，要么导致心理能量的快速集聚，前者体现了人对死亡的消极态度，后者体现了人对死亡的积极反应。所谓"置之死地而后生"就是对人的这种反应的全面应用。在现实生活里，我们可以看到一个人在面临威胁时常常十分敏感，头脑反应异常迅速。有的则能发挥惊人的能量。不过，在精疲力尽时，人常常是无可奈何地从对过去的回味和对未来的幻想中去寻找补偿死亡的途径。因此，临终奇遇并不是某种不死灵魂的产物，而是心灵想象的结果。至于濒死者所见到的幽灵，那不过是他过去所熟悉的形象在头脑中的改变和再现。与梦境相比，临终奇遇也许更能袒露人的潜意识状态，它把人的回忆和想象集于一体。在梦境里，我们常常遇到自己的熟人或看到各种奇妙的景象，有时甚至想到自己飞离了大地，但我们并不因此断言做梦意味着灵魂与肉体分离。同理，临终奇遇中虽然有许多十分离奇的情节，但它的各个细节或片段却是现实生活中的活生生的经验，就此而言，它仍然是现实在潜意识中的投射，或者说是潜意识为了安慰意识而编制出来的神话。

对个人来说,死亡无疑是最阴郁、最恐怖的事情,对家属和亲友来说,死亡无疑是最悲哀、最凄楚的事情,临终奇遇则可以给人的情绪带来戏剧性的变化。据奥西斯和哈罗德森的调查,经过临终奇遇后,49％的人可以从焦虑不安变得心静神宁,27％的人则从心情抑郁变得欣喜若狂。许多人突然间一反常态变得容易合作和沟通。比如,有个癌症病人以前每天要服用大量的镇静药而且心情十分抑郁,甚至想到自杀,经过临终奇遇后他说他不要任何镇静药,因为他的痛苦突然消失了,他的心情开朗,有说有笑,一天之后进入昏迷状态,不久就离开了人世。

当然,在癌症患者中,有临终奇遇的人毕竟不多,但实践证明,这种特殊的心理体验能起到其他镇静药所起不到的缓解痛苦的作用,这就意味着临终奇遇不仅能调心,而且能调身。因此,他不但没有证实某些人所说的心灵与肉体的相互分离,反而进一步说明了心灵与肉体的密切关系。对晚期癌症患者来说,痛苦远比死亡更为可怕。"死了,死了,一死百了"的观念可能促使他们毫不犹豫地作出死亡的选择。在这种情况下,临终奇遇可以帮助患者突然改变轻生的想法,并通过那些体验获得生存的喜悦或通过增强对死亡的抵抗能力而重新鼓起生活的勇气。因此,我们自然会提出这样的问题:我们能否发明一些药物或采取别的途径来激发类似于临终奇遇式的内心体验?

迷幻药的问世也许是人类进行这种尝试的开端。病人服用这种药后会产生各种幻觉并因此来减轻自己的痛苦,尽管服用这种药物并不影响临终奇遇出现的频率,但它已向我们暗示,临终奇遇肯定有某种我们尚不清楚的生理基础。

三、身外体验

身外体验又称离体体验,尽管它们的表现方式及其内容常常因人而异,但有一点是共同的;具有身外体验者一般都感到意识和肉体发生分离,仿佛自己身处于肉体之外的某个空间并能从那里看到自己的肉体,就像另一个人看到自己的肉体一样。有时,身外的自我形象还能感受到肉体的呼吸与脉搏的跳动或其他的生理活动,它能从身外的地方注意到周遭发生的事件并能描述这些事件。有时他觉得自己的意识处于第二个身体中或与自己的身体保持着某种联系并最终回到自己的肉体中去。有时,他又仿佛体会到自我乃是一种纯粹意识,而与任何肉体无关。大致说来,有过身外体验的人都强调意识的功能感觉不是在大脑,而是身外的某一个空间点,他原来的那个身体似乎是僵死的无思维的东西。

身外体验是一种比较普遍的现象,许多研究过这种现象的人估计,大约有四分之一的人在他们一生中的某个时刻会有这种状态。

疾病、偶然事故、药物、梦境和极度的痛苦可能导致这种体验。埃德·莫雷尔(Ed Morrell)在《第二十五个人》①里曾描述过他的这种体验。二十世纪初,他被关进监狱并受到严刑拷打,在痛苦不堪时他简直想到一死了之。有一次,他被折磨得死去活来,在奄奄一息之际他忽然感到自己脱离了肉体并且越狱在外。在游荡的过程中,他观察到了许许多多后来被证实了的事件,其中包括一次沉船事故。此后,严刑拷打对他似乎不再起作用,他完全意识不到肉体的痛苦并且打消了死亡的念头。

在这个事例中,最令我们感兴趣的问题是,为什么在经历身外体验之后莫雷尔就不再感到痛苦并且知道监狱之外发生的事情?无视或一味否认这种事实的存在显然是愚蠢的,最关键的是如何解释这种现象以及发掘身外体验对濒死者的积极意义。对濒死体验的心理学研究表明,当一个人面临死亡的威胁时,他的意识会以我们难以想象的快速反应能力来保护其生命个体,有些人在死前所表现出的惊人的敏感性和洞察力就是人用来对抗死亡的心理防御因素。从表面上看,身外体验意味着心身的分裂和灵魂的独立。实质上,那只是人格解体的暂时表现。在趋向死亡的过程中,个人常有强烈的补偿心理,即希望能以自己的部分牺牲来代替生命的完全毁灭。比如,有些人梦想自己少了一条腿并希望由此逃脱死亡的命运。在中国历史上,还有些人干脆叫人宣布自己已经死亡

---

① Ed Morrell, *The Twenty-Fifth Man*: *The Strange Story of Ed. Morrell, the Hero of Jack London's "Star Rover"*, Montclair, N. J.: New Era Publishing Co., 1924. ——编者注

或让人找个自己的替身(通常是纸人或衣服)并把它埋葬,而他本人则暂时隐居山林。这个事实意味着,个人试图以象征性的死亡或心理学上的死亡来代替生命的实际死亡。人格解体与死亡状态极为相似,不管它的最终结果如何,我们仍相信,身外体验所表现的人格解体状态无非是自我使肉体暂时失去活力,从而保存生命能量,避免全面死亡。具有身外体验的人之所以感觉不到痛苦,也许是因为个人为保全自己而有意无意地中断了低级神经系统活动,让这部分能量用于高级神经活动,从而使人的意识处于高度活跃状态。根据心身医学理论和我国气功用意识控制生理活动的原理,上述过程应当不难理解。

事实证明,在某些人那里,身外体验的确是可以随意控制的。在英语国家里,奥利弗·福克斯(Oliver Fox)、罗伯特·门罗(Robert Monroe)和西尔万·马尔顿(Sylvan Muldoon)这三位作家曾对自己的身外体验进行过许多观察和描述。他们详细说明了自己如何有意识地进入那种状态,就像我国的气功师能随意进入气功状态一样。然而,奇怪的是,有些具有身外体验的人每每能在生命几近死亡的情况下了解身外发生的事情,有的甚至能在事后向你精确地描述事情的全过程,而且这类描述往往与事实有着惊人的一致性。

对濒死体验进行过大量研究的雷蒙德·穆迪(R. Moody)曾报道过一位妇女的经历。[①] 一天,她因心脏病发作住进一家医院,她躺在床上,感到很痛苦,于是翻过身来,随后她就停止了呼吸。突然她听到护士的喊叫声,她感到自己离开了身体,滑落在地,随而慢慢上升。上升过程中,她看到十几个护士跑进房间,有人喊来医生,她感到自己像一张纸在天花板下面飘来飘去,她听见有个护士说:"哦,我的天哪,她死了。"而另一个人俯下身来给她做人工呼吸,这个人后脑勺的头发很短。这时,护士们搬来了人工呼吸机,接通后,她的身体从床上弹了起来,她听得见自己骨头的响声,看见有人拍打自己的胸口,有人抓着手臂,有人抓着大腿,她想:"你们何必费那么大的劲呢,我已经好了!"

---

① 雷蒙德·穆迪:《死后见闻》,朱小平、朱延敏编译,黑龙江教育出版社,1989 年,第 20 页。——编者注

后来,她吃惊地发现,她的身外体验的各个细节与在场者的所见所闻完全吻合。这使我们不能不提出以下的问题:当人进入身外体验时,他是否开动了第六感觉器官?尽管没有过类似体验的人很难相信这种事情,但事实终归是事实,绝大部分人觉得,在经历身外体验时,人的头脑异常清晰,思维能力大大增强,即使人的味觉、嗅觉和触觉不起什么作用,视觉和听觉却比往常灵敏得多,也许,人的感官系统的制衡机制会使某一方面的损失在另一方面得到补偿(如瞎子的触觉和听觉就比正常人灵敏),但有一点仍使我们困惑不解:在濒临死亡时,有些人几乎处于闭目塞听的状态,但他仍可以了解外界的事情。

有一个妇女在一次车祸后经历了身外体验,她觉得自己长着一双心灵的眼睛,她可以随心所欲地看到她想看的地方,平时的各种障碍仿佛消失了。对她来说,各种东西都是通明透亮的,远近的差别显得无关紧要。

其实,只要承认心灵感应的存在,上述现象同样可以理解,人脑本身是一个特殊的能接收和发出各种信息的系统。虽然我们至今还不清楚它与外界的沟通方式。但我们可以断定,在死之前,意识会本能地集中自己的能量与死亡相抗衡,这样,意识对外界的反应能力在某个时刻也会相应增强,这一点在动物行为的进化中一再表现出来,比如,知更鸟在被鹰追赶或遇到其他死亡威胁时可以发出特殊的警号,别的知更鸟可以根据这种信号了解自身是否有生命危险。与此相似,某些人在死亡前能使远方的亲人有所预感,在双胞胎和其他十分亲密的人之间,这类事例可谓屡见不鲜。

我有个远在合肥工作的表弟,他父亲因患肺气肿突然去世。在其父去世的前几天,他一直坐卧不安,心情特别烦躁,总觉得家里发生了什么不幸的事,于是买好回家的票,他上车不久,他的工作单位就收到了其父病危的电报。

毫无疑问,只要我们本着科学的精神去探究死亡现象,我们总有一天能揭示出上述现象的奥秘所在。即使是从哲学的观点看问题,我们也不能根据身外体验来为二元论做辩护,因为根据目前掌握的资料,身外体验还是一种奇特的心理现象,那么经历身外体验的人事实

33

上并没有完全死去,而只是处于局部死亡状态,即使临床上可以宣布他们已经死亡,我们也不能说他们的灵魂真的脱离了肉体,因为那些暂时停止呼吸者的脑细胞仍在活动,否则,他们就不可能苏醒过来并向我们描述自己的身外体验。有人认为,严重缺氧的脑细胞在死亡前能产生超常的能量和奇异的经验,这是生命对死亡的本能反应;当头脑严重缺氧时它就把注意力转向争取生存时有用的东西。事实表明,长时间处于"死亡状态"的人比短时期处于死亡状态的人对生命过程本身有着更深刻、更完整的体验。身外体验不过是这种体验的特殊表现形式,它的基础和根源仍是人的大脑,而不是某种独立的精神实体。

实质上,身外体验和梦境有着十分相似的地方,唯一不同的是,前者是清晰的,后者是模糊的;前者一般使人感到畅快和自由,后者则兼有正反两方面的情绪。奥利弗·福克斯对身外体验与梦境之间的关系做过仔细的研究,他发现,有些梦境可以直接导致身外体验的出现,以致我们可以说梦境也是一种低级的身外体验。这一点说明,身外体验乃是以一定的生理过程为基础的心理现象,无论它的各个细节多么神奇,它始终是人脑活动的产物。

就像人的气功状态激发人的一些特异功能一样,身外体验把人的感知能力发挥到了极致,因为在这种情况下,人似乎是用心看而不用眼看,是用心听而不是用耳听。心灵对外部对象的直接把握在这里并不显得十分神秘,而是能为我们理解的客观事实。诚如著名心理学家荣格所言,"那并非想象的产物,所见与经历是完全真实的。它们无丝毫的主观性可言,它们都具有绝对客观的性质"[1]。既然我们所了解的对象都是进入意识范围的对象,既然我们的意识能在时空上超越肉体感官起作用的领域,那么,人在濒死时能通过身外体验认识外在的对象和事件也就不足为奇了。正如在人的认识过程中,我们的意识有时能与对象直接沟通一样,身外体验是意识对外界的直接经验,这种体验与人的抽象和推理能力具有异曲同工之妙。只要存在意识场,场内

---

[1] C. G. Jung, *Memories*, *Dreams*, *Reflections*, New York: Random House, 1963.

的一切东西必定以这样或那样的方式与人脑相关联。如果康德对经验自我和超验自我的区分可以用于说明日常经验与身外体验的差别，那么，我们就有根据断言，超验自我能以不同于日常感知的方式确知意识场内的一切。这里用得着一句名言：凡是可以想象的都是可以实现的。

第三章　死亡恐惧与死亡压抑

不管我们如何看待人生的幸福,我们首先得承认这样一个不言而喻的前提,死亡始终是人类最大的不幸,其他的不幸都是从这一不幸中衍生出来,痛苦和灾难的意识就蕴含于死亡的可能性中。如果排除各种各样的文化因素,我们就会看到,对死亡的恐惧乃是造成个人苦难的根本原因,其他恐惧归根到底是在死亡恐惧的终极背景下或通过死亡恐惧而发挥作用的。然而,就情绪对人生的意义而言,死亡恐惧从来就不是绝对消极的心理因素,它始终包含着两个相互排斥、相互对立的方面:一方面,它的确不断地困扰着我们,给我们带来了沉重的精神负担,造成了许许多多的心理障碍,从而极大地限制着人类的自由思考和创造;另一方面,它是人类自我保存的原始动力。正如伊拉斯谟所说:"上帝使一切人都恐惧死亡,这样才能避免人们全去自杀。"

但是,在大多数情况下,死亡恐惧要通过间接的方式曲折地表现出来,无论是对个人还是对社会,死亡恐惧始终被不同程度地压抑着。否则,每个人都会整日陷入惶恐不安的状态而不能进行正常的活动。基于这种认识,本章将着重考察死亡恐惧对个人生活的双重意义以及个人和社会对死亡恐惧的压抑过程。

一、死亡恐惧

我们生活在一个两难的境地里:在自我保存本能中,我们是怕死的;而在意识生活中,我们往往完全忘记了对死的恐惧。只要稍稍揣摩一下人们的内心生活,你就会发现尽管人对死亡的态度表现得千差万别,但总是会为一种深层的恐惧统摄着。

恐惧是一个普遍存在的心理现象,几乎每个人都在不同时候,不同情况下为这种情绪所纠缠。卢梭指出:"装模做样的不怕死的人,是装出来的假象。每一个人都是怕死的;这是一切有感觉的生物都遵循的一大法则,没有这个法则,整个人类反而不久就会消亡。"[①]世界的广袤无垠映衬出人的卑微渺小,使人有随时被吞噬的感觉。有限与无限的明显对立以及个人生命的不可挽回增添了人对丧失生命的恐惧。在人类的生命得不到保障的社会中,洪水、火山、地震、瘟疫和饥饿更是时时威胁着人类的生存。这时,人所面对死亡就不是什么预悬的遥远的目标,而是近邻身畔的命运主宰了。帕斯卡尔说:"人只不过是一支苇草,是自然界最脆弱的东西;但他是一根能思想的苇草。用不着整个宇宙都拿起武器才能毁灭他;一口气、一滴水就足以致他死命了。"[②]这种对生命脆弱感的认识反映了个人对自然必然性的认同以及对强大自然力量的无可奈何的心理。但从人的死亡中,我们看到,宇宙会毁灭人,人依然比他的毁灭者更崇高。因为人明白他必有一死,明白宇宙比他强大,明白他内心对死亡有一种深深的恐惧,并且对恐惧的意识又反过来加深了这种恐惧。

恐惧不同于忧虑,但又是忧虑的自然而然的发展。前者直接与人的生命意识相关联,并且会使人进入全身心的战栗状态;后者则常常涉及一些与生命相外在的模糊的东西,并且以一种散漫的心理情绪表现出来。前者意指的对象是危及生命的说不清的现实,或者是臆想的即将临头的大灾大难;后者则意指泛泛的,远离现实而又有损于生命的直接利益的可能性。恐惧是紧迫着思想又难以为思想所消除的,不论是恐惧使人意识到生命的界限,还是生命的界限使人恐惧,我们都

---

① 卢梭:《新爱洛伊丝》,李平沤、何三雅译,译林出版社,1993 年,第 170 页。(原文中本段引文出处不详,今改为李平沤与何三雅译文。——编者注)
② 帕斯卡尔:《思想录》,何兆武译,商务印书馆,1985 年,第 157—158 页。(原文中本段引文出处不详,今改为何兆武译文。——编者注)

在恐惧中强烈地感到思的无能为力。

小时候,当我夜里独自行走在荒山野岭,我总是力图通过思想去排除莫名的恐惧,但结果总是事与愿违:我越想摆脱恐惧,恐惧感就越强烈。深深的自悔自责亦不能使人的胆量增加丝毫。相反,他只能徒增人的惶惶忧心,那时人被抛到孤立无助的、危机四伏的世界,夜幕中的树木野草仿佛是害命的鬼怪和野兽。人在草木之中惊魂不定以至把鞋后跟扬起的沙子声当作背后有人追赶的脚步声。黑沉沉的夜色使周遭多了一种诡秘阴森的气氛。这时,人心多向内敛而不敢外求,甚至想完全断绝与外界的联系。尽管在恐惧里心灵总是想退缩躲避,但它始终被一种外在的难以名状的压力所紧逼,以至觉得自己无处藏身、无处立命,在此,生命的整体性似乎被撕裂肢解。

于是,我开始领悟黑夜的意义。黑夜启示着虚无,人畏惧黑夜即是畏惧虚无,因为黑夜隐去了存在的东西,湮没了生命的光明。从某种意义上说,黑夜表征着物的消失,因而隐含着个人虚化的可能性。对死亡的恐惧实质上正是对生命虚无化的恐惧。如果死亡并不意味着生命的丧失,那么,人对它的恐惧就完全是多余的。在黑夜里,人的虚无化的感觉源于象征着死亡的黑暗——黑暗是死亡之国。儿童之所以特别害怕走进黑暗,正是因为黑暗夺去他们共在的东西,归根结底是世界无化了他的世界。

世界的无化与人的无化具有相同的本体意义。如果说人在世界的无化会导致人对死亡的恐惧,那么,世界在人面前的无化也能导致这种恐惧。就个人而言,人死了,人的世界也便消失了,因为人死后的世界是一个失去意义的自在的世界,而不可能再是为我的世界。为我的世界总与我一同产生并且一同消失。尽管人死后那个自在的世界还存在着,但它不是作为为我的世界而是作为为他的世界而存在着。因此,人消失于死亡与世界消失于黑暗本质上是相通的。

人置身于黑暗标志着人失其所在。正因如此,我们总把黑暗与死亡联系在一起。在我国,人们总是臂戴黑纱对死者表示悼念,死者的照片也被镶上黑边,死者的名字被划上黑色的框框。在有的地方,孝子们总是身穿黑衣、头扎白巾为死去的亲人守孝。每到忌日,家里的陈设也多为黑白色的东西所点缀。黑暗象征着死寂,象征着哀伤,象征着无生命状态,象征着阴间冥府与生命世界的区别,它提示着死亡的到来。当我们戴着黑纱或看到别人戴着黑纱,我们虽不一定产生死亡的恐惧,但总是有一种不自在的感觉,仿佛自己离死亡也近了一步。

因此,黑暗的恐惧实质上是死亡恐惧的延伸。在生活中,我们把死亡喻为深渊,其意义就在这里。如果让一个小孩孤零零地在一间黑屋子里,他会吓得大哭;如果房间里有灯,他的恐惧会相对减轻;如果有大人在身边,他的恐惧感则会消失。这一点说明,对黑暗的恐惧关联着人类对安全感的需要。孤独的个人只有通过群体关系才能真正获得对抗死亡的力量。在危急情况下,一个人面对死亡时的恐惧比几个人同时面对死亡时的恐惧要强得多。因为一个人在心理上承受的死亡压力远远大于几个人同时承受的重压,常人的同病相怜以及有些濒死者希望别人与自己一同死亡的心理多半与个人缺乏对抗死亡恐惧的力量有关。

死亡恐惧存在于死亡将到而又未到之际,恐惧的程度取决于个人与死亡的心理距离。当你看一部立体电影并且看的是灾难片或恐惧片时,你可能感到心忦,但是这种心忦会随着你走出电影院而很快消失,因为你清楚地意识到电影上那些恐怖的场景永远是远离你的虚幻的东西,一旦你面临致命的危险或者患上了预示死亡的严重疾病,情况就完全不同了,那时,你也许百感丛生,但最根本的情绪乃是死亡恐惧。

比如,有些人知道自己身患绝症,病情会很快恶化,那难以言喻的恐惧和伤感会大大加快他的死亡,因为他觉得死神就在自己的跟前,在不久的将来他将从这个世界上永远消失。对死刑犯的观察可以使你了解死亡恐惧在何种程度上影响犯人的情绪和行为,巧妙地利用这一点很可能使犯人获得悔过自新的机会。很多死刑犯在得知自己被判死刑后,脸色苍白,全身哆嗦,有的甚至瘫软得像一团绻绳。临死前的恐惧会使他吃不下饭,睡不好觉,强烈的孤独感和无意识感油然而生,就像萨特笔下的巴勃罗[1]那样,死亡对他来说就像不可穿越的一堵

---

[1]　萨特小说《墙》里的人物。——编者注

墙,墙外的一切都不知道,这种无知剥夺了人在死亡时的尊严,因为对死后虚无的恐惧使他不可能堂堂正正地就死。

在人生历程中,死亡恐惧是伴随着人的年龄、生活环境以及人对这些环境的体验、感受与人对生命意义的认识而缓慢变化着的。大量的心理学研究表明,人并非生来就害怕死亡,一个新生婴儿对威胁其生存的外在力量不含有任何退避反应,即使在 5—10 个月时,他也很可能对物体(如玩具)的消失无动于衷。儿童一开始就生活在一个充满生气和活力的世界上,他并不知道生命的消失意味着什么。直到 3—5 岁时,儿童才朦朦胧胧地意识到死亡的存在,并逐步勉强地承认死亡或迟或早会夺去一个人的生命。在此后的一段时间里,他可能目睹了动物的死亡或他人的死亡,但很难把它与自己的命运联系起来。对他来说,死亡是一个远离个人经验的抽象概念。他的意向对象只是涉及生理需要的最直接的当下的东西,他一般只关心今天的事情而不关心明天的事情,因而,他不会担心生命的未来,更不会推断生命将走向何处。一直到 9—10 岁时,儿童才开始形成死亡必然性的概念。如果他的亲人碰巧在这时死去,他首先意识到的是,这个亲人将永远从自己的身边消失,他将永远失去这个亲人的关心和照料。此时,对死亡的恐惧与对失去照料的恐惧紧密联系着。

然而,一旦儿童对死亡有了理性的理解,他就会把这种理解作为他的世界观的一部分。对死亡所导致的生命的虚无化的认识使他的死亡恐惧大大加深了。通过他人的死亡,儿童直观地意识到生命的绝对否定,意味着人不再享有人世的快乐并且快乐将永远与自己断绝关系。尽管他偶尔幻想过死者的复活,尽管他一转眼就忘记了周围所发生的死亡事件,但对自己的虚无化焦虑已经进入了他的灵魂深处。精神病学家莱茵戈德(Rheingold)认为,虚无化焦虑或死亡恐惧并不是儿童天生经验的一部分,而是由丧失母亲的可怕焦虑产生的。这种主张显然是把儿童的死亡恐惧归因于儿童与母亲的关系。对他来说,没有母亲的世界是一个孤寂和缺乏爱的世界。因而,对失去母亲的焦虑很可能使他感到他的世界和机体即将崩溃。

从积极意义上讲，死亡恐惧是生命的防御机制，没有这种机制，人随时有可能稀里糊涂地死于非命。在某种意义上说，死亡恐惧是人类行动的永恒动力。如果没有这种动力，人类就用不着去为自身的生存操劳，也用不着去进行各种各样的发明创造，更用不着发展一切旨在"救死扶伤"的医学技术。人类的历史是与死亡作斗争的历史。不管人们的文化背景有多大差别，不管人们的价值观和思维方式有多么不同，对生命的安全感的需要却是人人都必须解决的现实问题。在你外出旅行时，无论是乘飞机、轮船还是火车或汽车，你会有意无意地想到你的安全，即使你没想到这个问题，那也仅仅是因为你在理智上说服了自己，确认你乘坐的交通工具安全可靠。假如你生活在一个自己的生命随时有可能被剥夺的环境中，被压抑下去的死亡恐惧会随着环生的险象而频频出现。这时，你的第一个需要将是在死亡恐惧的驱使下为自身营造一个能排除死亡恐惧的安全的场所。当今世界的动荡不安使我们失去了安身立命的基础，压抑死亡恐惧便成了一种全球性的需要。人的家园之感之所以重要，正是因为它给人的精神提供了一个可靠的支柱，同时也为死亡恐惧提供了发挥积极作用的机会。

死亡恐惧遏制了人的无限扩张的需要，打破了人对自身力量的盲目自信，从而避免了人走上自我毁灭的道路。许多自杀未遂者或有过自杀意念者能从死亡的边缘走回来，在一定程度上是死亡恐惧作用的结果。有效地利用这种恐惧不仅是挽救自杀者的应激手段，而且是预防犯罪和整治犯罪的特殊途径。既然死亡恐惧能把人从昏昏沉沉的麻木状态中惊醒，从而使人走出沉沦，那么"急中生智"和"置之死地而后生"也就成了人类应付危险局面的自然写照。恐惧与邪恶同在，恐惧与智慧并生，死的震颤使我们摆脱了自身的惰性并通过意识回到自身存在的个体性而达到生命的自觉。

承认实际存在的死亡恐惧并不是柔弱的表现，而是消除精神不安的前提。尽管在安然无危时人的死亡恐惧通常被压抑在无意识的底层，但一旦人遇到直接的危险，这种恐惧感便从无意识或潜意识层面浮现于意识层面，并给人心带来无端的纷扰和莫大的痛苦。对死的过分恐惧造成了社会对死的忌讳态度,这种很不正常的情况导致了两种消极结果。

第一,从伦理上说,过分的恐惧感使人放弃了对死亡问题的科学探索,从而导致了死的神秘化。如果说在生存方面人们会千方百计表现自己的智慧,那么,在死亡方面人们并不羞于自己的无知。相反,大部分人以自己对死亡的愚钝为自豪,这一点不仅表现在人们不愿对死进行理性的思索,而且表现在相当多的人根本就不愿谈论死亡,仿佛死亡可以传染,仿佛意识到死亡和谈论死亡就意味着死亡逼近。可是,死亡终究是不能逃避的。对那些缺乏心理准备的个人来说,死亡的降临常使他们战战兢兢,六神无主,有的甚至会陷入心理紊乱状态。从临床观察中可以了解,对死的过分恐惧只能加速死亡的到来,不少病人的心理障碍正是由过分的恐惧产生的。比如,有些人得知自己患了绝症后心情特别沮丧、悲哀和痛苦,对死的强烈恐惧非但不能阻止他们自杀,可能促使他们进行自杀,因为强烈的恐惧常常导致心情抑郁或狂躁,而抑郁和狂躁历来是自杀的重要心理根源。

从精神学的观点看,过分的恐惧大大妨碍人对自己的生命价值作出合乎理性的客观评价,在很多情况下,临危者把一些主观的意识当作恐惧的对象并试图通过现实的途径来逃避这些对象。当人为那些妄想的对象所左右而感到无法脱身时,他很可能采取自我毁灭的方式来结束那种持久的恐惧。精神病学家吉尔伯格(G. Zilboorg)甚至把死亡恐惧的作用范围加以扩展,认为它酿成了不少心理病理状态的主要冲突。如焦虑型神经官能症,各种病态的恐惧(如恐水症、成年男子的性恐惧)状态,甚至相当多的沮丧性的自杀几乎都与死亡恐惧相关联。即使撇开这些精神病学的证据,我们仍可以看到死亡恐惧的不利影响。绝大部分临终病人在某个阶段对死亡恐惧都有过不同程度的恐惧心理。如果恐惧过于强烈,病人就可能听凭这种情绪的摆布而无法作出正确的判断。医生、护士和病人家属也很难与他们沟通,因为恐惧具有足以压倒其他情绪的力量,任何外在的干预只能造成病人对外界的敌意和愤怒,除了固守自我之外,病人几乎找不到别的方式与恐惧的对象相抗衡。这一点给医护人员和家属对家人进行临终护理带来了难以克服的困难。

第二，从实践上说，死亡恐惧不仅有损于人与人之间的交流与理解，而且把人从忘我的外在行为中拉回来，使人失去对外界的兴趣和行动的勇气。我们很难相信一个惊恐万状的灵魂可以沉入事物的深处来实现对外界的静观和彻悟，也很难相信一个整日坐卧不安的人可以泰然自若地处理自己的事物，应付危难的形势；更难相信一个胆小怕死的人可以在必要时为了社会与群体的利益而献出自己的生命。在通常情况下，人与外界相互交融，在营营碌碌中忘却了自己，繁忙与劳作成了生命的唯一现存方式，于是，人把死亡抛到了九霄云外。但是，由致死的疾病和其他意外情况而引起的死亡恐惧会突然间把人类对外界的火热激情降到零点。死亡恐惧不但使人强烈意识到自身与外界的区别以至觉得有一道无法逾越的障碍横亘在自我与外界之间，而且使人放弃对幸福和快乐的追求，放弃对理想的追求。恐惧死亡者是没有未来的，因为它的未来与死联系在一起。除了求生的意念之外，没有什么东西能占据他的心灵。仓惶之际，间或有某种诱人的力量指引前路，他仍痛感死亡的紧迫与重压。也许，世界中可以找到一个现成的避难所，但恐惧已使他丧失了对自身力量的确信，丧失了行动的勇气和力量。在个人生活中，在社会的重大事件中，人的勇往直前只有通过消除死亡恐惧才能实现，否则，人只能畏畏缩缩地寻找生存的机会而无法平静地拥有自己和自己的世界，更无法过一种自由自在的生活。

人对死亡的恐惧在很大程度上是无意识的，并且，一般不会损害他对生活的自信态度。如果人是有意识的，他就无法从事正常的思想与活动。"在通常情况下，我们四处进行现实的活动，而不相信我们自己的死亡，仿佛我们完全相信我们自己形体的不朽。我们试图掌握死亡……当然，一个人会说，他知道他总有一天要死，但他事实上并不为此操心。他生活得很愉快而从未想到死，从未有死亡的烦恼。"[1]我们

---

[1]　G. Zilboorg, "Fear of Death," *Psychoanalytic Quarterly*, vol. 12(1943). p. 468.

应当看到,这仅仅是生活的表面现象,人的一切活动或多或少都是对死亡恐惧的无意识的反应。在一切不安感、沮丧感和压抑感的背后都隐藏着死的恐惧,这种恐惧经过复杂的修饰以许多间接的方式表现出来,一个人可以在理智上、口头上承认他不怕死,但在实际生活中他会不假思索地避开那些危害其生命的对象。比如,我们走到悬崖边会自然止步,走在公路上会小心地避开迎面而来的车辆。人的这种自我保存倾向与死亡恐惧是一同产生的,或者说后者是前者的表现形式,后者使人不断地求生存并努力克服威胁生命的危险。如果有一个人可以无条件地不怕死,他就无法在这个世界上生存下去。

可以断言,即使是那些把生命置之度外的大智大勇的英雄,也不会做任何无谓的牺牲。作为人,他们同样有自我保存的本能。只有当他们从自己为之奋斗的事业中看到了无上的价值和意义时,他们才会以自己坚强的意志和对人生意义的积极理解来克服自己对死亡的无意识恐惧。正因如此,英雄事迹才格外可歌可泣,英雄行为才格外可敬可佩,只要我们把英雄看作一个有血有肉的人,我们就可以想象他要鼓起勇气战胜死亡的恐惧是一件多么不容易的事情。正是死亡的恐惧显示出人的勇气的可贵,显示出一个人赴汤蹈火、视死如归的英雄品质的崇高。在一个精神贫乏得要靠贬低英雄来抬高自身地位的时代,死亡恐惧渐渐成了一种封闭人心、束缚手脚和逃避责任的可怕力量。

在今日社会里,人们的死亡恐惧首先表现为英雄品质的普遍沦丧。悠久而灿烂的文化把我们的时代改造为英雄主义的舞台,对英雄品质的广泛尊崇成了社会的价值规范并深深影响着个人对待死亡的基本态度。至少在战争年代,年轻人发现英雄就在自己身边,他们因没有成为英雄而感到惭愧。胆小怕死者被作为可怜虫而遭到社会意识的蔑视。不管每个社会的英雄系统多么不同,敢于为自己的信念舍身就死,始终是英雄品质的基本要素。然而,在现代社会中,对英雄品质的渴望渐渐被物质和金钱的追求所取代。帕克(Graham Parkes)惊呼,我们正经历着英雄品质的危机,这种危机已遍及社会生活各个方面。事实正像他指出的那样，大学里的英雄品质的丧失、个人职业中的英雄品质的丧失、政治活动中的英雄品质的丧失以及反英雄的纷纷兴起，足以说明现时代的英雄价值感已被贬到了何种程度。一方面，那些为国捐躯、为社会和他人献身的英雄行为不再像以前那样深深震撼人的灵魂，博得人们、特别是年轻人的持久敬意，即便是一些日常生活中的大胆的冒险行为也常被作为"逞能""逞强"而遭到嘲笑。另一方面，我们比以前更多地看到或听到见死不救乃至落井下石的报道，许多年轻人甚至不敢相信他们在经验中适合于解决那些需要冒险才能解决的时代的根本问题。对死的恐惧越来越把人置于不愿冒险的境地，英雄主义似乎成了脱离生活的遥远的神话。

事实上，英雄主义是对死亡恐惧的否定性的反应。一个社会对英雄品质的尊敬程度直接反映了这个社会对待死亡的普遍心理。一个民族如果没有英雄热情的激励，就不可能出现惊天动地的壮举。任何捍卫民族利益和国家主权的战争，如果失去蔑视死亡的勇武精神的支持也必然逃脱不了死亡的结局。这不仅仅是因为在战争中只有使人战胜死亡的恐惧才能激发人的战斗热情，而且是因为只有藐视死亡，人才能走出自我并且紧密地团结在整体的利益之下。

二、死亡压抑

吉尔伯格在谈到死亡恐惧时这样写道："如果这种恐惧始终是有意识的，我们就不可能从事正常的活动。必须适当地对它进行压抑，以使我们稍稍过得轻松些。我们非常清楚，压抑不只是意味着抛开和忘却被抛开的东西和放置这种东西的地方，它也意味着不断进行心理上的努力，并且在精神上毫不松懈我们的注意力。"[①]

的确，在争取生存和发展的历史过程中人类不仅要解决自己的安全问题，而且要以各种方式来压抑自己对死亡的恐惧。无论是从个体

---

① G. Zilboorg, "Fear of Death," *Psychoanalytic Quarterly*, vol. 12(1943), pp. 465-475.

的方面看还是从群体方面看,死亡恐惧与死亡压抑始终相伴而生,后者作为人类用来对抗死亡的一种有效手段,乃是人的自然过程获得社会特性的结果并且日益成为文明化过程的一部分。正因如此,精神病学家莫洛尼(Moloney)认为,死亡恐惧是一种"文化机制"。马尔库塞则认为它是一种"意识形态"。诺曼·奥·布朗甚至觉得儿童是在摆脱死亡恐惧的"第二次无知"中成长起来的。因为正是通过压抑,死亡恐惧才无法否定人的自然生命力,相反,儿童能借此全身心地投入自己的肉体生活。

那么,死亡压抑是如何形成的呢?它又能如何发挥作用呢?

一般来说,死亡压抑包括两方面的内容:其一是个人压抑;其二是社会压抑。所谓个人压抑是指社会给人灌输的各种心理防御机制。这些机制是在个人成长过程中逐步形成的。整个儿童期是形成这种机制的关键。随着社会化过程的继续,儿童能借助那些防御机制阻止潜意识领域里的痛苦体验、情感冲突以及随之而来的负罪感和焦虑感进入意识领域。由于这些因素并不出现于意识领域而是潜藏在人的无意识深处并间接地影响个人的思想和行为,所以它们永远具有个人体验的性质。虽然我们可以用理性的概念对它们进行不同程度的诠释,但其中始终包含理性不可说明的内容。

就社会压抑而言,不同社会成员可以有意识地运用一些约定俗成的普遍形式来掩饰或转移他们对死亡的恐惧。任何一种语言、一个社会、一种文化传统都是一个特定的死亡压抑系统。在这种系统中,死亡不仅被看作自然过程而且被看作社会过程。唯其如此,它才蕴涵着被社会文化因素强化或淡化的可能性。在动物性层次上,死亡是没有意识的,因为动物不能意识自己的死亡。由于文化因素的参与,人越来越远离动物性,人对生命过程的社会化意识使人从自然死亡中超拔出来并由此获得一种价值优越感。然而,人在意识到自己必有一死的同时必须想方设法逃避死神的威胁以及由此产生的各种烦忧。换言之,人必须以社会化的方式来压抑自己对死亡的意识和与之俱来的焦虑与恐惧,否则,人就无法进行正常的思考和活动。我们的日常语言、葬礼、宗教信仰以及其他的社会文化活动为对死亡进行全面的压抑提供了现成的手段。

个人压抑与社会压抑本是统一过程的两个方面。前者是后者内化的结果，后者只有通过前者才能发挥作用。从根本上说，死亡恐惧和死亡压抑都是社会造成的。由于人并非生来就害怕死亡，外在的社会因素，如死亡观念和死亡知识在形成人的死亡一事方面就起着举足轻重的作用。个人是无法亲历死亡的，死对他始终是一种可能性。只有通过他人或社会，这种可能性才成为现实性。因此，死亡恐惧激起压抑并不取决于个体本身而是取决于个体与外界的现实关系。

大量精神分析学的成果告诉我们，人的恐惧取决于他感知世界的方式。对一个彻悟生死的人来说，死本身并不可怕，因为那不过是"人经历短暂的烦恼、狂热的存在之后，经过徒劳的希望和空幻的恐惧之后又沉入最后的长眠"。就儿童对世界的感知而言，有两点是我们必须注意的：一是他对自身的力量持极不现实的态度，二是对因果关系的认识混淆不清。正因为儿童生活在完全依赖的处境中，当他的需要得到满足时，他便感到世界完全是为自己而存在的，他觉得自己就是全知全能的上帝。如果他经受了饥饿、痛苦和不安，他所做的就是大哭大叫，但他的欲望马上能得到来自父母方面的满足。不过，父母及其家庭成员不可能无限度地满足他的欲望。因而，当他受到父母或他人的限制时，他就有一种孤立无助感并对他人产生敌意。华尔指出：

> 一切儿童的社会化过程都是痛苦的和令人沮丧的。因此，儿童都不可避免地对其社会化者产生敌意的死亡愿望，所以没有人能以直接或象征的方式逃避对人的死亡的恐惧。压抑通常……是直接的和有效的……①

另一方面，儿童的成长过程又是接受家庭和社会的约束过程。这

---

① C. W. Whal, "The Fear of Death." in Feifel(ed.), *The Meaning of Death*. New York: McGraw Hill, 1959.

一过程隐藏着儿童的内在失败感和受挫感。儿童与衣服、名字、家庭和周围的玩耍世界一起出现,但内心里充满了对那些受挫过程的噩梦般的记忆,充满了对流血、痛苦、孤独、黑暗的可怕的焦虑和恐惧,此时,只有压抑死亡,只有把那些可怕的焦虑和恐惧转变成对产生那些焦虑和恐惧的外在原因的憎恨和敌意,才能防止各种可怕的念头闯进意识的领域。这一转变过程不仅表现为许多儿童故意尿床,故意弄脏自己的衣服(如把粪便到处涂抹),而且表现在他们从观看其他动物的死亡中获得一种透心的愉快。几乎所有的儿童都喜欢碾死昆虫或折磨别的动物,有的甚至要让这些动物死得越惨越好。比如,我们在小时候常喜欢折断蜻蜓的翅膀,去掉青蛙和爬虫的腿,然后看着它们慢慢死去。这类事实固然印证了弗洛伊德所说的死亡本能的存在,但最根本的是它们反映了人类转嫁死亡的心理。转嫁死亡无疑是死亡压抑的一种特殊方式。尽管死亡实际上是别人无法代替的,但个人总是下意识地希望能把死亡转嫁给别的对象,这种对象既可能是人,也可能是物,还可能是人所创造的复杂象征。即使人人都意识到自己难逃一死,他也不会心甘情愿地被动等死,在走投无路的情况下,他还宁肯幻想"死亡代理"的到来。比如,在迷信之风盛行的古代,有些原始部落常用活人来祭祀河神,以便把众人的死亡转嫁到某个人身上,希望通过他(她)的死来避免群体的灭顶之灾。随着思想的开化,人类把死亡渐渐转嫁到动物身上,用动物来祭神就是其突出表现。

另外,个人的死亡压抑与负罪感有着直接关系。在受挫时,儿童下意识地希望他人死亡,尤其是希望父母或兄弟姐妹死亡。但在知道他人死亡后,儿童又常以为自己对这些死亡负责,于是,产生了负罪感,死亡则往往被看作对自身罪恶的惩罚。在儿童那里,死亡观念本身具有非常矛盾的性质,它从社会中所获得的象征意义使死亡压抑成了可能。而死亡象征的复杂化意味着压抑手段的完善。儿童经常做噩梦就是他所接受的可怕现实在无意识领域的表现,它不仅标志着压抑的成功,而且能使人从中获取一种积极的力量,因为噩梦的存在维持着儿童内心的平衡,它以象征的形式同化了儿童对世界的恐惧、对为他人的死亡负责的恐惧以及由此产生的负罪感,从而使儿童的意识生活免遭死亡恐惧的困扰。当我们发现死亡恐惧被个人向外发展的冲动所吸收时,我们就可以合乎逻辑地推断,任何向外或向内的攻击性行为都是死亡压抑的一种形式。

从一定的意义上说,个人的童年是浓缩了的人类的童年。那些在人的童年期就表现出来的死亡与负罪感之间的联系也表现在早期的人类神话中。这种神话作为压抑死亡的社会化方式使个人获得了一种来自超验世界的支持。据说,在伊甸园中的亚当和夏娃一开始并没有死亡观念,只是由于他们违背了圣父的命令,偷吃了智慧之果,死亡才像影子一样尾随他们。死亡是对人类原罪的惩罚,代我们受过的耶稣被钉在十字架上,从而完成了对原罪的洗刷。由于他以死承担着人类的命运,我们的罪孽感相对减轻了,同时,我们又从他的死而后生中看到了自己再生的可能性。这样,耶稣的死亡与复活就满足了两方面的需要,即减轻罪感和压抑死亡的需要。

借用爱利亚斯(Robert Elias)的语言说①,个人对死亡的压抑建立在"幻想知识"(fantasy-knowledge)的基础上。"幻想知识"是相对于"实在知识"(reality-knowledge)而言的,前者与想象和虚构联系在一起,后者则是关于个别事物的实际知识。如果这种话确有道理,我们就应当承认,幻想知识和实在知识是此消彼长的。我认为,作为文明化过程的产物,幻想知识不仅是人特意地认识世界的一种方式,而且成了早期人类生活的支柱,天堂、地狱、原罪及其惩罚都是人们的幻想,通过这些幻想,死亡既可以变得更加狰狞可怖,又可以变得更容易忍受。在缺乏对抗死亡的现实手段的时候,这些幻想知识直接压抑着人们对死亡的恐惧。由于人与自然的交往过程一开始是一个无计划的自发学习过程,人追求幻想的知识与其说是出于好奇心的驱使和现实生活的需要,还不如说是想通过寻找永恒的符号来转移人对死亡的恐惧。这一点恰恰可以说明在实在知识越积越多而幻想知识越来越

---

① 参见爱利亚斯的著作《濒死者的孤独》(*Loneliness of The Dying*)1985年英文版。——编者注

少的今天,人类对死亡的压抑为什么有增无减。

幻想知识能培养人的超验精神,这种精神使人摆脱了生活的个别性的烦忧而获得一种升华的超脱感。死亡的十字架无疑是必须靠个人去背负的最具有个别性的东西,社会给我们提供的压抑死亡的现成手段首先就是超越出了人的个体性的语言符号系统,如图腾、宗教、墓葬仪式等等。在日常的言谈中,我们尽量回避死,谁也不会把人终有一死的事实主动告诉自己的孩子。在万不得已的时候,我们常用一些意义含混的词汇(如"去了""千古"等等)隐晦地表示某人的死亡。在历史上,人类使用各种各样的死亡象征,创造了各种各样的丧葬之礼,形成了"鬼魂"和"来世"的观念,创作了五花八门的墓志铭和挽歌,古代的帝国将相在死前就大肆修建陵墓以便为死亡作准备。所有这些构成了多姿多彩的死亡文化并在文明的起源中起过极其重要的作用。然而,就它们与人生的关系而言,这些形式表现了人类否定死亡、企慕永生的普遍心理,对这类现象,罗洛·梅(Rollo May)曾做过这样的评论:

> 维多利亚时代的女人用宽大的衣服掩盖她们的肉体,我们则用五彩斑斓的棺材掩盖死亡,我们往棺材上放鲜花,以便使死亡有一种芳香的气味,我们以人为的葬礼和精致的墓碑来欺骗自己,使我们相信死者没有去世。我们传播一种心理福音说,我们的悲痛越少越好,我们想方设法、不惜破费地使死者过得舒适,把一切都安排得好像还活着似的。我们不让孩子们想到死,用鲜花和盛装来遮蔽死,用虚伪的葬礼来冲淡死,最终是为了在内心中掩饰死。①

现代社会对死亡的压抑与维多利亚时代对性的压抑确有惊人的相似之处,但最令人感兴趣的是死亡压抑与性压抑之间的互反倾向。

---

① 罗洛·梅:《爱与意志》,冯川译,国际文化出版公司,1987年,第110页。

在迄今为止的人类社会中,对死亡的压抑越强,对性的压抑就越松,反之,对死亡的压抑越松,对性的压抑就越强。这一点可以解释为什么在人们缺乏对抗死亡的有效手段时,性迷狂往往会成为一种时尚。当然,这样说可能把问题过于简单化了,因为社会对死亡的压抑具有群体差异和文化差异,但是,我们由此可以揭示一个容易被人忽视的简单事实:生殖行为和传宗接代是人们通过类的延续性来超越死亡和达到不朽的特殊手段,继承遗产中带有继承生命的意味,而对断子绝孙的忧虑隐含着对自己的生命得不到延续的忧虑,种的繁衍能相对满足人们对不死的渴念。

尽管死亡压抑古已有之,但在不同时期压抑的程度是不一样的,恐惧死亡与渴念不朽原本是同一过程的两个方面。在十九世纪以前,人们普遍相信灵魂不死,相信天国的美妙,加之天灾频仍、饥荒不断和疾病流行,死亡现象经常发生,人们即使想回避也没法回避。所以,死亡在那时是一个可以公开谈论的话题。在中世纪的欧洲出现了大量描述死亡现象的文学作品,人们把"记住你是要死的"这句话作为座右铭,题为"死的艺术"的绘画和画刊随处可见。在中世纪的城市里,墓地往往建在市区并且是人们经常举行各种活动的场所。这样做不仅是为了方便生者奠祭死者,而且是为了抹平生与死的差别,减轻人们对死亡的恐惧。进入二十世纪以后,随着医学技术的进步,生活条件的改善以及人类对付自然灾害能力的增强,人的平均寿命大大延长了,死似乎成了相对遥远的事情。此外,死亡场所的改变也体现了社会对死亡的进一步压抑。过去的人大多死在家里,而现在,绝大多数城市居民通常死在医院或事业型的保健服务机构。死亡场所的这种转移,意味着人在死前早已脱离了他所熟悉的环境,从而增加了人在临死时的孤独感。另一方面,通过这种转移,死亡被精心地隐藏起来,结果使家庭和朋友与死者接触的机会大大减少了。亲友的死亡给他们带来的悲伤也相应减轻了。一般来说,医护人员是程式化地处理死亡的,他们尽量避免与快死的人产生感情。所有这些为死亡压抑创造了条件。

今日社会的死亡压抑当然还表现在其他方面,我们的言谈、思想和活动刚一触及死,就会自然地转移开去。垂死者普遍遭到别人的冷遇乃至反感,人们躲避死者就像躲避瘟疫一样。尽管人们都知道生老病死是一个自然过程,但他们仍然不愿看到死亡现象的存在。在婚宴、重大节日和其他喜庆的活动中,"死"这种字眼以及使人联想到"死"的各种象征符号是绝对不许出现的。如果出现,人们心中就会隐隐产生一种不祥之感。在缺乏对抗死亡的有效武器时,为了不致让死亡恐惧影响人的快乐和幸福,社会对死亡进行一定程度的压抑是必要的,因为压抑既是集聚生命能量和保存生命活力的重要条件,又是团结个人、稳定群体的一种手段。在原始社会,那些用来压抑死亡的永恒符号可以把大家紧紧联系在一起,有些人甚至为了这些符号而不惜流血牺牲,因为他们不仅规定着个人生存的意义和目的,而且关系到部落的荣誉与兴衰。在永恒观念越来越失去吸引力的现代社会中,人们除了对死亡采取回避态度,还能找到什么方式来压抑死亡呢?但是,我们也应当充分估计这种压抑的不利后果。

首先,压抑死亡是造成死亡孤独的重要根源。把死亡掩盖起来固然能使艰难跋涉在人生旅途的碌碌生灵避免死亡的暂时干扰并忘我地扎入外界的繁琐事务。但是,它像一堵无形的墙把濒死者与外人无情地隔离开来。对个人来说,死亡毕竟是非常阴郁的,濒死者最需要的是与别人进行某种感情交流,特别是与自己的亲人进行各种交流。某些神志清醒的濒死者常常敏感地把他人对死亡的态度(如厌恶、不耐烦)直接看作对自己的态度。一旦濒死者把死亡与自己联系起来,就等于他必须在接受和不接受之间作出选择。接受死亡通常是无可奈何的,它意味着个人封闭了自己,因此无所谓孤独与不孤独,不接受死亡则意味着个人尚有与他人沟通的需要。而别人对他的躲避恰恰打断了他与别人的交流过程。此时,他会有一种被遗弃的感觉,死亡孤独由此产生。死时的孤独与生时的孤独本质上是一致的。它是一种价值失落感。濒死者强烈地意识到死亡仅仅是他个人的事情,他必须独自承担死亡的痛苦和进行无望的挣扎,随着死亡的逼近,他和他的世界将永远消失。人为地造成这种孤独或是无视这种孤独都是极为不人道的做法,同时也大大有损人格的尊严。当临床死亡期已经到来,医护的目的被迫改变,这时我们不应片面地追求治愈病人,而应当给予垂死者提供精神上的支持和人情的温暖,使病人尽可能坦然地对待死亡并尽量化解死亡时的痛苦。近年来在西方兴起的临终病人收容所运动就是社会解除死亡压抑的初步尝试。

其次,压抑死亡进一步增强了人的死亡恐惧。由于个人和社会对死亡的长期压抑,现代人在生时很少愿意考虑死的问题,所以对死亡自然缺乏应有的心理准备。这一点表现为他们面对死亡的事实往往惊慌失措,无所适从,遇到死亡的打击他们一下子丧失了自持自制的能力,平时的镇静自若转眼不见了。

就病人家属而言,由于平时对死亡采取回避态度,他们总是不愿意把真实病情告诉病人,对没有心理准备的病人来说,这样做确有暂时的好处。但是它在实际上既妨碍病人与家属之间充分利用死前的时间的感情交流又会增加病人的孤立无助感,也不利于病人充分利用死前的时间为人格完善做必要的工作。许多人没能留下遗嘱多半与不知道自己的死期有关。如果大家都能以坦然的态度去对待死亡,就没有必要制造那么多禁忌。禁忌是恐惧的表现。没有死亡恐惧就没有死亡压抑。正因如此,家属们在病人死后还是尽可能冲淡死亡的气氛,从给死者整容到举行丧葬之礼都体现了这一点。一般来说,亲人死后,活着的人多少要经历一段悲痛过程,这个过程包括忧伤、幻想死者复活、哀痛、适应几个阶段。第二阶段虽然是死亡压抑的另一种形式。当人意识到亲人复活的虚幻性时,他的哀痛和恐惧会相应加深。因此,死亡压抑的直接后果是,它把人的隐忧和恐惧集中于一点,并以压倒一切的力量对人的其他情绪活动产生破坏性的影响。

就病人而言,由于一直生活在压抑死亡的环境中,他们很少有机会来了解死亡知识,更没有机会来接受死亡教育和对抗死亡的心理训练。一旦死神来到他的身边,他的心头会突然罩上无边的神秘。对死亡的无知只能导致他想入非非,导致他把本不属于死亡的阴森恐怖意象加诸死亡事件本身。因此,与其说人们是在恐惧死亡还不如说是在恐惧自己对死亡的想象,恐惧各种各样的死亡观念。当死亡被许多社会迷雾紧锁着而成为猜不透的封闭世界时,垂危者每每觉得自己已经陷入了无人能够救助的深渊。由于过分的恐惧和忧郁,很多本来有可能积极生存下去的病人常常不愿配合医生的治疗。其意志的彻底崩溃使他无法鼓起生存的勇气去与死亡进行抗争,相反,他常会带着深沉的惨痛走上自我毁灭的道路。

第四章　爱与死的悖论

相传特里斯坦为叔父马克亚去爱尔兰迎娶新娘伊索尔特,归途中他与新娘共饮药酒(原是为马克亚和新娘准备的),原来两人相见倾心并且爱得如痴如醉,以至最终为了爱情而走上了死亡的道路。伊索尔特的伴娘喊道:"你喝的不只是爱情,你喝下去的是爱和死亡。"特里斯坦高喊:"好吧,就让死亡到来吧!"于是,两个恋人紧紧拥抱,从此,他们的爱和死成了西方精神的象征。[①]

这一出自九世纪的爱情传说向我们暗示了一个无可争辩的真理,爱与死,这两个看似完全相悖甚至无法和解的东西一开始就是彼此包容的,死因爱而在,爱为死而止。只要我们理解这一点,死的无滞无碍和爱的尽心尽性就会凸现于胸而超然于物。娓娓心湖,朗朗乾坤,与爱共在,与死同流。在此,我们看到,爱与死通过药酒这一中介把两个原本彼此独立的个体引入了相互依持、纠结和无言的喜悦里。药酒沉浸着新人的渴望和神魂颠倒般的酒境,映照出企慕者的身影、相见时的笑颜和包含着温情的目语着的眼睛,浓缩了求爱者恓恓惶惶的过去和款款迈进的将来。然而,就在酣畅的对饮之间,死神悄悄降临爱的近畔,这一饮表明爱的融融陶陶,又显示出对死的无怨无悔。

一、爱与死是人类文明的经纬

爱与死本是人类文明的经纬。对爱的追求不仅促使人按照美的

---

① 瓦纳格:《特里斯坦与伊索尔德》,赵乾龙译,中国文联出版公司,1997 年,第 531—664
页。——编者注

规律来改造自己和改造世界,而且促使人根据爱的艺术去选择自己的生活方式。世界的美化和人自身的美化固然不完全是人追求爱的直接结果,但我们无法否定这样一个事实,爱在很大程度上消除了人与人之间的隔阂,增进了人与人之间的和谐。如果说和谐是美的第一要求,那么,爱通过馈人以和谐从而给世界带来美,以至我们不得不说,没有爱的世界乃是缺乏美的世界。当然,爱并非生活的全部内容,但它是生活最切近的基础,这不仅是因为爱决定了人类的繁衍和延续,而且是因为许多人类活动是爱直接推动的结果。正因如此,我要反复强调,爱是美的终极根源,犹如死是恐惧的最终根源一样。

人因爱而美,这个众所周知的事实已使千千万万的人通过爱而获得了审美的快感,从而确立了对生命的自尊与自信,这也使我们有可能以爱的行动来解释所有美的创造。歌德的《浮士德》的终卷名言"永恒的女性,领我们超升"[①]道出了爱对于培植美的精神的作用,从达·芬奇的《蒙娜丽莎》的微笑中,我们也可以倾听到爱的诉说。既然这种诉说把人召唤到美的体验中去领悟爱的升华,那么,唯有当爱的艺术诉诸爱的语言时人才能面对一个美的精神世界。但丁为他的精神恋人比阿特丽斯写下了不朽的诗集《新生》,而这位恋人随后又作为但丁的美的理想引领他在《神曲》里飘然入圣。

不知是生命本身要以美的形式来表现,还是爱本身焕发了生命追求美的热忱,热恋的情人们总喜欢把自己打扮得符合美的要求,他们不仅善于从对方身上发现美的特质,而且尽量发挥自己对美的想象力。从外在的发式和衣着到内在的气质和谈吐,凡是能激起人的美感的地方往往被表露得淋漓尽致,而那些与美无缘的方面则被掩饰得纹丝不露。现在,人们越来越无法忍受爱的荒原,甚至有些人成了"没有爱毋宁死"的哲学的牺牲品。对他们来说,爱的荒原即是心的沙漠,被爱情遗忘的角落也就是生命力最枯竭的地方,因而是离墓地最近的地方。所以,我一贯认为对人和社会的拯救要从爱做起。乌纳穆诺曾经

---

① 歌德:《浮士德》,钱春绮译,上海译文出版社,1989年,第666页。——编者注

指出："理想的事物来自爱,并且由于爱产生了上帝,并且我们也同样把这些理想的事物集萃在他身上。由于社会意识——它是爱的子裔,永存本能的子裔——的引导,我们得以把一切事物都加以社会化,在每一件事物当中发现一个社会的存在——这样子,至少是显示出:整个自然实际上就是一个无限的社会。"[①]在人类历史上,一切由理想事物构成的乌托邦都显然布满爱的踪迹。不管是有意还是无意,乌托邦的创造者都惯于为我们营造一个爱的基地,这个基地之所以能为基地,首先在于它能给人以温馨和恬静,给人以想象的天堂,它带着美的光环出现,同时又使人摆脱了对生存痛苦特别是对死亡的焦虑以及由此种焦虑而产生的矛盾与冲突。在那里,我们可以随心所欲地否弃与爱相悖的东西。我们可以毫不掩饰地谈论死亡,我们可以自由自在地以美的规律来装饰自己的天地。艾洛斯(Eros)始终都是不变的。从柏拉图的理想国到康帕内拉的太阳城,从莫尔的乌托邦到马尔库塞的美乐园都旨在实现爱的解放。不论是对过去美满生活的惬意的回忆还是对未来生活的充满信心的展望,人终归要以爱的原则来引导自己,前者是理想的后推,后者是爱的预设。因爱,我们敦品励行;因爱,向善之心不死。

把自然人化,把自然社会化,并在此基础上创造上帝的形象,所有这些都是人高扬爱并以此去对抗死亡的结果。自然物是有限的,但它通过人类的爱而变得富有生气和光彩;作为自然过程的参与者,人亦是有限的。他终有一死,但人的死因人之爱而变得崇高。这是人类的死亡与其他动物死亡的根本区别所在,同时也是人得以进入历史并给历史赋予精神品格的关键。人为了爱,为了摆脱生命的短暂感而把死亡抛开,但死的焦虑却不能彻底根除,而是深深地埋葬在意识的底层,并时时提醒人与之相抗。爱如江河,死如沉潭;爱愈热烈,死愈频繁。英雄的伟大虽表现在对死的蔑视里,但也正是他通过创造性的工作而预先尝到了死亡的滋味,才使他以不朽的功业来证实他对永恒的爱的

---

① 乌纳穆诺:《生命的悲剧意识》,北方文艺出版社,1987 年,第 104—105 页。——编者注

渴慕。所谓英雄建立的千秋功业不过是爱的转化形式而已。英雄之死创造了崇高的美,美的静穆、美的刚烈在那里通过死体现出来。个人内心的伟大力量在普遍之爱里终于找到了自己的丰碑。这样一来,爱与死就在美中汇合起来。

如果我们把文化分为生的文化和死的文化,我们就可以从那些反映历史的兴衰沉浮和灾难变迁的文化遗存里发现死亡如何激发了人的创造性思维和行动。几乎一切哲学、宗教和文学艺术作品都一直充满着死神的祭品。

一方面,对死的审美观照培养了人的浪漫主义精神,正是这种精神使人相信自己有克服卑微感的能力,以超然的态度去对待自然的必然性,并因此摆脱了宿命论的束缚。也正是这种浪漫主义精神使人在死神的威胁面前仍能挺身而出,并能以视死如归的勇气去平息他人对死的恐惧。在此,我们都不会忘记以下事实:人们要么以英雄式的死亡观念去检讨自己的怯弱和无能,要么强烈地意识到只有死亡才能彻底铲除人世间的一切苦难和丑恶。在他们的心目中,人与其徒然地想从死亡锁链中挣脱出来,还不如把这个锁链本身作为武器,去创造一个属于自己同时又属于他人的世界。

另一方面,由于人意识到自己会死,他才不甘心受自然规律的摆布,而是力图寻找一切可能的补救办法。所谓"人生自古谁无死,留取丹心照汗青"正是寻找这种补救的真实写照,几乎每个人都不愿死后沦为虚无,他总想在人世间留点什么。这样做有双重的意义:第一,死者可以通过它来寄寓生的希望;第二,死者试图向后人证明自己在这个世界上存在过,并企望他人承认自己的存在价值。从某种意义上讲,文化史就是人在死神的驱迫下创造出来的。不论人的主观愿望如何,一切哲学、宗教、音乐和文学艺术作品以及一切以符号形式表现出来的,能唤起他人回忆的东西都可以被看成是死者的遗物,只要它们稍稍融入了作者的自我,它们就可以成为作者生命信息的载体,这样作品的代代相传也就意味着作者的生命信息以某种形式被保存下来。这一点是每个读者试图到历史文献中去索解作者原意的基本前提,承认这一前提也就等于承认濒死者可以通过将被流传下去的作品而减轻对死后虚无的绝望。从主观上讲，许多人是要到创作中去寻找一种生存之道，尽管这种动机常常深藏在无意识的领域或者由于经过了不少中间环节才表现出来而难以为人所察觉。客观上，人为寻求长存之道而进行的文化创造在很大程度上影响着人类历史的进程。我们现在拥有的许多财富就是人为求得长生而创造出来的。文化遗产之所以宝贵不仅是因为它可以为后人所利用，而且是因为它们是人类减轻死亡恐惧和表达长存愿望的一种手段。如果人不会死，就不会有医学，也不会有悲剧、史诗、哀歌等文艺形式，人甚至不必从事一切文化创造，因为赋予创造以意义的是死亡，不死者只能生活在一个毫无意义的世界里。

诚如亚历山大·史密斯在《梦乡》中所言，"如果我们必须永远在斯世生存，除了衣食住行之外一无所虑，那么生活一定是非常悲惨的，死亡的庄严极大地增益着生命的意义。就连动物也和我们一样会死；但是唯独我们知道自己必定会死，从而允许我们充分利用可怜的时光，那么，显而易见，我们对不免一死的认识，即对死亡迟早会降临的认识，恰恰激发了我们的行动"[1]。

对长生不老的渴望使千百万人不惜一切代价去寻求灵丹妙药，不愿接受死亡的命运，一度使我们的祖先发明了巫术和占卜，而巫术和占卜的兴起在人类社会的早期却促进过天文学和数学的发展。就炼丹、气功、瑜伽而言，它们一开始是个人用来延年益寿的手段，归根到底是人类反抗死亡的手段。但对社会和历史来说，它们的作用远远超出了个人的延年益寿的范围。炼丹是产生化学、冶金的最初根源。而气功和瑜伽，不仅大大推动了人对自身的认识，有力地促进了今天人体科学的形成，而且塑造了东方民族温柔敦厚的性格，陶铸了一种从个人身心体认出发的东方闲情文化。从道骨仙风的个人形象到气韵灵动的艺术作品，都充分反映了个人对力求克服自身有限性的意愿。

在现实生活里，我们处处从死中感到了自己的有限性，于是我们

---

[1] 参见 O. J. 恩莱特：《人的末日》，上海文化出版社，1988 年，第 3—4 页。——编者注

懂得了人生的珍贵,我们不但一次又一次地尝试着在繁忙中忘却这种有限,而且想在我们的各种追求和探索里确立永恒的价值。这种价值是我们对永生的寄托,因而是我们在死亡的胁迫下转移生命意志的一种方式。毫不夸张地说,正是死提醒我们珍视当前的一切,并抓紧时间捕捉一切能使我们体悟永恒的机会。所有以相对稳定的形式表现出来的作品,所有能激发人的原始生命力的创造活动,都不过是个人生命的延伸,尽管这种说法不免有以想象之物来自欺之嫌,但我仍然认为,不管是想象之物,还是现实之物,只要它们能作为个人生命力的见证,它们就可以充当人与死亡作斗争的武器。在现实里,人寄身于自己所处理的对象,并从对象中获得一种对死后虚无的补偿。在想象里,人扩大了自己所拥有的空间,从而增强了承受死亡命运的能力。现实和想象是我们在面对死亡时无法避免的一对矛盾:我们愈拘泥于现实,我们就愈缺乏想象力;我们愈陶醉于想象,我们就越容易丧失现实。人不能同时在想象和现实方面无限发展就根源于人会死亡这一简单的生物学事实。无论如何,我们都不得不说,人的一切活动都是在死亡的背景下进行的,死是催人奋发的最终根源。

二、爱的沉沦

爱使我们超越了现实,当我们从爱中醒来时,我们也许会产生一种不知斯是何世的感觉,这就像我们在沉睡中被人抬到山顶上醒来时的感觉一样,那本来仅仅属于自己的世界现在属于所有人,我不能拥有世界,世界倒拥有我们。无论我的胸怀多么宽广,我总装不下我一心想装下的世界。只有在爱中忘却这个世界,我才能拥有这个世界。然而我们却常常在不死不爱的状态中陷入麻木不仁。死亡的召唤与震颤把昏昏沉沉的人们赶入冰河之中,那曾经无人眺望的死亡天穹又明朗地出现在视野的远处。鸟木花草复活了,并向人展开自己。

爱离不开回忆——对逝去或将要逝去的东西的回忆。回忆是什么呢?回忆既是与死并生的东西,又是爱的拯救者。它通过反复思忖已经潜入内心的东西来遮掩死的真相。一切伟大的天才几乎都能从回忆中把那死去多时的难以把握的感性世界在想象中再现出来，并通过它们去激起爱的渴念。

渴念是什么呢？只有不在的东西才是值得渴念的，正因如此，普鲁斯特的《追忆逝水年华》才给我们这样的印象，当一个人活着的时候，他称为爱情的那种意念多半当爱人不在身边的时候才出现。由此，人们习惯把一个不在眼前的人作为冥想的对象，哪怕他不在的时候只有几个钟头，而在这段时间里，他不过存在于记忆之中。因此，死亡不会给爱造成很大的变化。但是，说"死亡不会给爱造成很大的变化"只有对一个懂得爱的升华、深谙回忆的效果的人才有意义。如果没有回忆，死去的东西只能化为尘土或如逝水流云无从再现，而回忆却能把已被思过的生活片段集合起来，即使跟这个片段相关的人已经毁灭，那个取自这个人并且刺激了另一个人的心灵的片段依然会存在下去。所以，回忆绝不是把切断的东西简单地重复和联结，而是通过想象回溯生活的真实。在回忆和想象里，爱向我们显示开放的世界和历史，逝去的一切向我们奔涌、跳跃和欢呼。

仅仅把爱视为肉欲满足的人是不懂得爱的真意的，因为那种爱不过是昙花一现的瞬间，在此，死亡不是开启爱的金匙，而是枯竭爱的海绵。由于这种爱不能深入到回忆与想象之中，爱自然随死亡的降临而终结。而回忆和想象作为对思过的东西的再思引领我们越过横亘在现在与过去之间的死亡之渊。对一个失去记忆力的人来说，爱是索然无味的。爱是感情通过记忆积累的过程，因为只有在回忆中对失去的东西重新占有才可能使爱充满丰富的内容——回忆是对生命激情的召唤。

现代人似乎想通过遮蔽死来追求爱，不敢直面死，使人把爱当做死的避难所，结果，爱不再是一种超越的神仙境界，而是营营碌碌中的名利场所，爱越来越蜕变成为商人间的物质交换或谈判桌上的讨价还价。人们不再为爱而生活，而是为了生活才去爱。这样一来，真正的爱非但得不到发展，反而被机械化的社会所扼杀。工具理性和逻辑概念进占了爱的审美领域。在这个领域中，不折不扣的功利主义精神弥漫周遭,从而使爱成了物欲的点缀或填补空虚的器具。柏拉图在《会饮篇》中指出"爱的目的是在美中孕育和生殖","美就是主宰生育的命定神和送子娘娘"。[①] 在今天,这句话已经失去它的光彩和效力,爱与生殖的分离已经使爱成了无目的的性活动,对爱的审美要求正随着寻找生活的直接利益的求爱过程而降格。爱恋中的现实精神几乎使绝大部分人以尽可能简捷的途径去奋求爱的愉悦。然而,爱的空间缩小了,想象在爱中的作用正逐渐减弱,可歌可泣的爱情故事成了地地道道的天方夜谭。在这样一个爱的神话不再引起世人共鸣的时代,还有多少人会为爱舍身就死呢? 难怪约翰·德莱登(John Dryden)抱怨我们生活在这样一个时代,这时除了在舞台上之外,没有人殉情,甚至烈士也仅见于戏剧之中,"这该死的征兆表明真正的信仰已经衰落到何等地步"。我无意为殉情大唱赞歌,但我实在感觉到当今世界上,爱已经堕落为纯粹的感官刺激,享乐主义成了风靡世界的信条,心理的矛盾和精神的充实随着人们对感官满足的刻意追求而愈益表现出来,因为享乐主义者最终会发现,我们愈想从感官中得到满足,我们愈感到不满足,感性的丰富掩盖不住内心的空虚,失去精神支点官能享受只能使人感到自己如逝水浮萍,飘摇不定。那么,内心无所凭依,靠什么补救呢? 内心的创伤靠什么修复呢? 面对这些问题,人正陷入精神的哀凄里。

确信感觉的真实无欺使我们走进了享乐主义的迷津,而对享乐主义的崇奉最终必然导致怀疑主义的泛滥,这是历史上反复出现的爱的沉沦过程。就个人而言,一味沉溺于享乐到头来会使人萎靡颓丧,从而失去生命的力感。在现实生活和文艺作品里,我们一再发现人的失落怎么与爱的庸俗化联系在一起。在机器已进入生活的各个领域的时代,我们的感情有沦为机械活动的危险,日复一日的刻板工作让不少人变得麻木不仁,空虚、冷漠和孤独袭击着他们,以致他们只好以最直接的寻求感官刺激的方式来证明自己尚未死去。这种不要希望只要眼前的做法,固然在一定程度上促进了物质和精神创造的现实化过

---

① 《柏拉图文艺对话集》,朱光潜译,上海文艺联合出版社,1954 年版,第 278 页。

程,但它们是以牺牲爱为昂贵代价的。潜心于物,放纵于性,似乎成了生活的主旋律,"跟着感觉走"则越来越把人引入无所适从的境地,因为片面追求纷然杂呈的感性生活意味着人无法安然领有世界的宁静,长期下去,人就会丧失相对恒定的价值观念,这不仅会导致理性的空疏无法弥补,而且会造成人心内外失衡。一方面,那耐不住的寂寞和物性的诱惑把许多人抛入了惶恐不安的状态。于是,他们便把爱变成了排遣寂寞、平息焦躁的手段,结果导致他们一离开情欲的满足就仿佛觉得死期临近。这种被作为麻醉剂使用的肉欲的满足居然也被冠之以爱的名称,这十足是对爱神的亵渎。另一方面,在拜物之风看涨、叫卖之声不绝的今日,当心灵的平静为外界的喧嚣所打破而变得害怕沉思默想时,爱的精神力量和价值已丧失殆尽。

爱之源之所以枯竭,就在于人们未能把肉体享受提高到精神之爱,以致爱随着新奇感的消失而死亡。对技术力量的绝对迷信和对人的艺术天性的肆意践踏大大限制了我们在爱的方面本应发挥的想象力。

在今天,爱日益被等同于性爱,想象力在爱中所起的作用随着人们追求爱的直接性而大大减少了,人们越来越远离古代神话里所描述的那种爱的神境;另外,人心宁可为现实的感官刺激所占据而把爱的现实留给那似乎太远的想象,对这种人来说,爱是一件无历史的事情,他既无过去,亦无将来,有的只是现实的瞬间。关于爱的神话和传说很难再激起他们的热情,即便能激发他们的热情,那也不过是刺激感的材料。正因如此,像莎士比亚以及其他文豪所描述的爱可以使一对情侣上天入地的那种悲壮气氛已不再有往日的魅力,因为人们不再需要回忆,也没有时间回忆,在他们眼里,当前的经历便是一切。机械的行为模式无可挽回地扼制了人们对回忆的需要,情感的领域日益被机器的计算所排挤,逻辑的程序减弱了人们对爱的敏感性。由于机器代替了手脚,文字代替了大脑,想象也因此沉寂在记忆的沙漠里。有首歌儿如此唱道:"不要悔恨过去,不用奢望未来,假如他不爱你,何必苦苦等待,假如你已爱上她,你就快快表白。"这的确是对现代人的爱情观念的绝妙写照。

三、爱与死的相关性

正如罗洛·梅曾经指出的那样:一方面,死亡意识强化了我们对爱的开敞;另一方面,爱又同时增强了我们的死亡感。[①] 在人生体验中,爱与死的意识从来就交织在一起。爱既包含死亡的种子,又使人体会到永恒。

从语源学上讲,爱与死本身就是同源的。比如在意大利文中,爱(amore)与死(morte)就常常联系在一起。世界各民族有关爱和死的丰富的语言都极为深刻地反映了爱与死的悖论。中国人之所以用"销魂"或"欲仙欲死"来形容爱的境界,也正是要表明爱与死的关系。"销魂"意味着沉醉,也意味着死亡;"欲仙欲死"意味着极乐又意味着悲哀,它是通过短暂体现出来的永恒,又是永恒生发着的短暂。有首歌唱道,"要爱得明明白白,实实在在,痛痛快快,死去活来",其实,"痛快"原本就是把痛苦与快乐这两个相矛盾的东西结合在一起,正是在这种结合中爱的本质才得以显示出来。爱是"痛快"的最高表现形式,在这里,一切都是朦胧的、混沌不清的,它集中了人类最复杂的感情,我们既不能说它是绝对的快乐又不能说它是纯粹的痛苦。爱既是结合又是分离,既是奉献又是接受,既是死去又是活来,既是自我的毁灭又是自我的新生。正是从这种意识上基尔凯郭尔说:"每个人在爱中都从起点开始。"

黑格尔断言,子女的产生即意味着父母的死亡。[②] 对这句话,人们当然可以作各种各样的理解,但我总以为从爱的角度审视父母的关系可以对个体的死亡与人类的延续有更深层的认识。既然类要通过个体的死亡来实现延续,那么,代与代的沟通自然意味着父母之爱的终结。子女诞生了,父母即完成了种属相延的自然史。但是,爱既然是类性又是最富个体性的东西。类代表长存的方面,人与动物不会产生爱情这一事实是爱的类性的基本表征。尽管生活中确有人兽相交的

---

① 罗洛·梅:《爱与意志》,冯川译,国际文化出版公司,1987年,第139页。——编者注
② 参见黑格尔:《精神现象学》(下卷),贺麟、王玖兴译,商务印书馆,1979年,第14页。——编者注

实例,但这并不足以否认爱的类性,而只是表明爱的沦丧和人的堕落。另外,在今日的社会中,爱仍然受各种社会因素的限制。在人的类淹没了个体性的时候,我们的爱一半是为自己,一半是为他人和社会。不了解这一点,我们就无法理解一个社会所造成的爱情悲剧。

就个体而言,爱并非像许多人所说的那样是为了传宗接代,恰恰相反,传宗接代往往只是爱的副产品,有时甚至是相爱者极不希望获得的后果。不管主观意愿如何,我们都得接受一个生物学事实——我们都是父母偶然的产物。有人说子女是父母的爱情结晶,但在很多时候,这只是人们一种美好愿望,是人们对后代出生的美化。在爱与生殖越来越发生分离的现代社会中,人口控制和文化水平的提高是同步进行的。这里蕴涵着一个尚待探索的问题:由于文化水平的提高越来越把爱变成一种排除许多功利因素的个人情感活动,由于精神的高度发展常常要以肉体的感性功能的退化为代价,所以,在西方发达国家里,文化水平高的妇女生育能力一直是呈下降趋势。这一点非常有力地说明爱与生殖正渐渐疏远,从而从另一侧面反映了爱与死的逐步统一。

毫无疑问,爱使人享有人生的极乐。这种极乐且唯有与此类似的极乐才使人摆脱平庸与粗俗,烦恼和痛苦。爱在某种程度上固然使人心胸狭窄,因为在爱恋者的眼里,世界仿佛是为他们而存在的,但一旦人从爱中抽身回来并且放眼爱之外的领域,他就懂得爱确能给人带来生机,并且使人更富于同情心和怜悯心。假如人不是以褊狭短浅的眼光去看待爱,他就会在爱中找到全部生活的真趣和秘义,这不仅是因为爱的活动创造了其他活动所不能创造的生命,从而保证了类的繁衍,而且是因为爱暗示了生命的短暂和死亡,从而使人更加珍惜生活的一切。也许是由于这个原因,马斯洛说:"面对死亡又暂时从死中解脱,使世间一切事物显得如此珍贵,如此神圣,如此美丽。我现在比任何时候都更加强烈地热爱这一切,更渴望拥抱这一切,更情不可遏地要投身于一切。……死亡,及其突然降临的可能性,使我们更有可能去爱,去热烈地爱"。[①] 如火的热情燃起生命的渴望,同时也燃起火葬柴堆的纸钱。

① 转引自《爱与意志》,第 101 页。

只有失恋者才真正懂得什么叫孤独和酸楚,只有死去的情侣才真正懂得爱与死的关系。失恋的惨痛于人的彻骨阴寒中宣告了热情的冷却,唯其冷却,生死的江河冻结起来,于是人得以跨过生命的临界点。

也许,死是最具个人意义的事情。如果说死使人回到自我,使人意识到自我与他人的区别,意识到自己的独立性,那么,爱则使人失去自我,使人意识到自己与他人的统一。简言之,死是自我的归闭,爱则是自我的开敞,因为爱始终都是一种奉献、一种馈赠,因而永远体现群体关系。然而,爱作为个人与个人之间的一种特殊关系把个体性消融在其中,因此,它必然包含与个体一同存在的死亡因素。

在自恋中,爱与死的共通性就开始表现出来。古希腊有关那喀索斯的神话早就昭示了这一点。美少年那喀索斯因恋上映在水中的自己的身影而神魂颠倒,以致落水身亡。这一神话不但告诉我们死是爱的必然结果,而且暗示了爱是自我的耗竭和消失,而自我的耗竭又无异于死亡。有人可能会说,每个人都有不同程度的自恋倾向,但我要强调,自恋是自尊自信的最终根源,因而是主体的膨胀而不是主体的死亡,尽管自恋是主体与对象的原始统一体,它创造出来的是主体的分裂人格。在这里,自我意识直接就是对象意识,但是,就像在对象恋中一样,在自恋中主体也必须放弃自己,它把自己一分为二或把自己外化出去,只有这样,他才有可能成为爱的意象。仅就个体的自我分裂而言,自恋中已经隐含有自我分裂的潜在可能。

如果说自恋还只是隐约体现了爱与死的相关性,那么,对象恋就把这种相关性明明白白地显示出来。爱的深处总是包含对立的两极,绝望与希望、狂喜与悲哀、痛苦与欢乐夹杂在一起,它们既使人相信自己尚在人世,又使人担心自己马上就会死亡。乌纳穆诺非常深刻地揭示了爱的这种两极性,他说:

　　爱是奉献自己,使自己永生;而使自己永生,奉献自己是死。也许生育的极乐正如预尝或经历死亡,正如一个人自身生命精髓的溢出。我们相互结合,但这是为了让我们彼此分离,因为最亲密的拥抱往往是最亲密的离异。实质上，性爱的欢乐，创生的痉挛，是一种复活的感觉，复活在另一个人身上的感觉，因为只有在他人身上我们才能使自己复活和永生。[1]

复活和永生意味着什么呢？首先它意味着我们死亡过。爱的最原始形式——性爱，从一开始就把死亡的可能性显露出来。低等动物，如雄蝴蝶、雄蜂在交配后就立刻死亡，雄螳螂在交配时总被雌螳螂咬破脖子，死亡时剧痛与交配时的痉挛混合在一起，射精后，雌螳螂便把雄螳螂吃掉。黑格尔和弗洛伊德早就注意到这种现象。对此，弗氏是这样解释的：

> 在低等动物中，交配行为往往与死亡联系在一起。这说明全面的性满足往往导致死亡。这些生物在交配后立即死亡是因，在爱恋经过满足而被消灭后，死的本能遂得以自由完成使命。[2]

我们当然不用对上述现象做无限度的引申，因为随着生物的进化，有机体的独立性和个体性在不断增强。性爱与死的关联也要通过间接的方式表现出来。由于两性的结合是以它们的持续分离为条件的，并且只是暂时否定各自的个体性，所以高等动物在完成交配过程后还能保存自己，它们的死亡超越了短暂的交配行为而与有机体的形态发展过程相同步。人类作为万物之灵，他的爱的悲剧性质集中体现在他的自我意识的丧失里，如果说动物的性爱要受季节的影响，那么，人类之爱则随着社会化过程而超越了这种自然因素的限制，这并不只是因为人类具有其他动物无法比拟的个体性，而且是因为人类的爱不仅仅是性爱而是超乎肉欲结合的精神过程。爱虽然唤醒和证实了人的生命力，并让人于忘情的瞬间体验到永恒，但爱总是提醒我们面前悬置着死的可能性。在爱里我

---

[1]　乌纳穆诺：《生命的悲剧意识》，北方文艺出版社，1987年，第85—86页。

[2]　Sigmund Freud, "The Two Classes of Instincts." in *The Ego and The Id*, London: The Hogarth Press, 1949, p. 47.

们想完完全全地拥有对方,就此而言,爱是自私的。与此同时,爱也是把自己完全交给对方,其中有心、有血、有永远不绝的激情。就此而言,爱又是最无私的。有鉴于此,我们有充分的理由相信,爱是保持自己和分裂自己的根源,而分裂自己至少是局部的死亡。

爱的意义从来就是双重的,它一方面表现为建设性,另一方面表现为破坏性。从建设性的方面看,爱是和平的使者,它象征着团结、亲密和情谊。因此,中国古代有通过两个民族的王室通婚来促进民族和睦、止息民族纷争的事例。文成公主进藏和昭君出塞的意义就在这里。另一方面,爱所具有的破坏力是爱所涉及的死亡的又一转化形式。在某些时候,爱甚至具有改变历史进程的力量。在不同的文化传统中,我们都可以发现,性爱方式和性爱道德的改变是传统观念最具摧毁性的东西,因为它们的改变意味着整个生活基础的改变。历史和现实告诉我们,爱所具有的神秘力量常把人推入一种足以导致人毁灭的极端情境,使人蔑视理性的控制和与爱相悖的道德原则。与社会规范相比,爱情似乎更具有操纵力。当一个人为热烈的情感所驱迫,他(她)很可能干出一些惊世骇俗的事情来,人的困境就在于理性和情感的矛盾,由这种矛盾产生了令人萎顿的烦恼与痛苦。只要人尚未获得驾驭自身的力量,他就随时有沦为感情的牺牲品的危险。对个人来说,爱可能让人神魂颠倒从而失去自制能力。历史上人们一再使用所谓的"美人计",无非是巧妙地利用了人性的这一弱点。为了爱,一个人可能赴汤蹈火,甚至走上殉情的道路。现实中常有一对情侣因不能结合而双双自杀的事情。从某种程度上说,这正是爱的破坏力的见证。对社会来说,爱足以让平静的生活涌起波澜,这一点突出表现在爱可能使人打破社会常规,个人的失范行为常因爱的冲击而急剧增加。我且不说今日西方社会的性迷狂如何导致人的无所适从和感情的滥用,并最终导致传统伦理原则的崩溃。只要对社会上的自杀事件做个统计,我们就可以明白爱怎样以极端扭曲的形式毁灭自我和他人。人们的普遍情感可以使他们所处的社会陷于动荡不安之中。所以,在克服社会危机的过程中,我们不可小视爱的力量。从政治上看,一个成功的政治家诚然不会因为爱而模糊自己的视线，但历史上也不乏政治家以爱来慑服人心的事例。无视这一点，我们就无法解释历史上的偶然事变。有些人无不偏见地说，"女人是国家的祸水"，其实这正说明了爱所具有的破坏力。

四、爱因死而升华

爱因死而升华。深陷入爱者每每不能完全体会爱的分量，一旦他所爱的对象离他而去，他便意识到自己的心灵实际上早已为爱所系，因此，占据自己心房的恋人的死亡无疑是人世间最撕心裂肺的事情。生命的止息固然宣布了现实的爱的终结，但它为爱的想象制造了更加广阔的空间。在这里，爱并未随恋人的死亡而消逝，而是因无具体的对象而泛化了，就像情窦初开的少年少女总是喜欢用想象之爱来替代"定在"之爱，以至觉得爱的对象在漫世飘飞一样。

死为旷世之爱设置了最后一道障碍，这个障碍横亘于此岸与彼岸之间，把飘荡不定的灵魂框在世俗的圈圈里，于是人的痛苦、烦忧把想象的翅膀吊上了重物。然而，死也了却了外在世界的约束，了却了人世的琐屑和杂务的纷扰，骚动不安的灵魂得以重返内心，静静地做着没有尽头的爱之梦。现实的在场的东西在我们心目中不再是一种具体的意象而仅仅是一种符号，一种暗示。借此，过去的恋人的形象在想象里成了蒸腾的云烟。视线模糊了，哀伤的泪成了喜悦的泪。如果说彼岸的憧憬是以此岸的消逝为前提的，那么，爱的升华只有在爱恋的对象不在场的情况下才有可能。既然想象是由已经存在过而此时并不在场的东西造成的，并且想象是人的希望所在，那么恋人的形象就由于死亡而为想象所净化。通过这种净化，爱保全了最完美的形式，在世者由此体悟到爱的永恒。这样，爱才不至于止息，人才不至于殉情。大量的心理观察表明，凡恋人死去的人几乎都有过幻想恋人复活并与之重逢的体验，这种体验不仅反映了现实之爱的丧失想通过想象之爱来补偿，而且向我们昭示了爱的升华过程如何能使人走出颓丧而滋养几近枯竭的生命。《梁山伯与祝英台》等中国古典爱情悲剧之所以要拖个死后团圆的尾巴，就是为了迎合人们企望恋人死后重逢的普遍心态。

爱因升华而变得崇高，许多文艺作品即是这种升华的产物，它们常借恋人的受难和死亡来表现爱的升华过程。十九世纪德国浪漫派诗人诺瓦利斯(Novalis)在《夜颂》里做过这样的描述：

> 从前，当我流着辛酸的眼泪——当我沉浸于痛苦之中，失去了希望，我孤单单地站在干枯的丘冢之旁。丘冢把我生命的形姿埋在狭窄的黑暗的地室里，从来没有一个孤独者像我那样孤独，我被说不出的忧心所逼，徒然无力，只剩下深感不幸的沉思——那时我是怎样仓皇四顾，寻求救星，进也不能，退也不能——对飞逝消失的生命寄以无限的憧憬——那时，从遥远的碧空，从我往日的幸福的高处降临了黄昏的恐怖——突然切断了诞生的纽带，光的锁链——尘世的壮丽消逝，我的忧伤也随之而去。哀愁汇合在一起流入一个新的不可测知的世界——你，夜之灵感，天国的瞌睡降临到我的头上。四周的地面慢慢地高起——在地面上飘着我的解放了的新生的灵气。丘冢化为云烟，透过云烟，我看到了我的恋人净化的容貌——她的眼睛里栖息着永恒——我握住她的手，眼泪流成割不断的闪光的飘带。千年的韶光坠入远方，像风暴一样——我吊住她的脖子，流下对新生感到喜悦的眼泪。这是在你，黑夜中的最初之梦。梦过去了，可是留下它的光辉，对夜空和太阳，恋人的永远不可动摇的信仰。

从这段富有诗意的文字里，我们可以发现，丁尼生在《爱情与死亡》这部诗篇中所描绘过的那种景象。人死了，爱还活着，死不是爱的终结而是爱的验证。正是通过死，我们确知自己爱得有多深，爱得有多远。爱为我们拒却了死之前的孤独，死则使爱得以净化，因为在此，爱是一种纯粹美好的意象。它不再受功利之心所左右。世俗的物欲和庸见在死亡面前统统成了毫无意义的东西，只有爱仍像中天明月，辉照四野。

从某种意义上讲,死因为爱才不显得那么可怕。在许许多多的文学作品里我们看到,不少人常把爱人的死亡视为醋甜的沉睡,在他们心目中,恋人的死亡不过像鲜花凋谢或如油尽灯熄。从死者的脸上看不到死亡的阴影而只有临终前的疲倦。人倏然而来,然后倏然而去。因为有爱在,死倒变得可爱起来。许多恋人之所以宁可忍受死而不能忍受失去爱,其原因就在这里。

莎士比亚笔下的罗密欧面对死去的朱丽叶如此说道:

> 我的爱人,我的妻子,死虽然已吸去了你呼吸中的芳蜜,却还没有力量摧残你的容貌;你还没有被它征服,你的嘴唇、面庞上,依然显着红润的美艳,不曾让灰白的死亡进占……你为什么依然这样美丽? 难道那虚无的死亡……也是个多情的种子,所以在你藏匿在这幽暗的洞府里做他的情妇吗? 为了防止这样的事情,我要永远陪伴你,再不离开这漫漫长夜的幽宫。

当看到一个人失去了恋人,人们会对他(或她)表现出万分的悲悯,并为此一洒同情之泪。可是,当看到一对年轻的情侣一同死去,我们的悲悯反而减轻了,这也许是因为我们从爱中看到了死的补偿。只要爱与死同在,死也就变得不那么遗憾了。这就是为什么在一起的恋人比别人更容易应付危险的局面。爱坚定了人们的意志,增强了人们的勇气。即便是在面对死亡的情况下,恋人尚能从爱中感受到一种无与伦比的对抗的力量,因为从爱中我们意识到自己不只是在孤独地面对死亡,而是和恋人站在一起面对死亡。我们彼此从对方身上找到了印证自己能力或放弃自我的机会。所谓豪气干云也由此而来。比如,在《冰海沉船》里,有些人面临覆灭之灾而慌慌张张,而一对恋人却可以在激越的小提琴曲中悠闲自得,仿佛对死神的威胁无动于衷。在现实生活中我们同样发现,一个人可以毫不恐惧地守在爱人的遗体旁,甚至与其亲吻、拥抱(雅典人就眷恋其所爱之人的遗体),而其他人对遗体均有不同程度的厌恶或恐惧。这个事实表明,爱的确是消除或减轻死亡恐惧的有效手段和现成方式。热恋者们常常互诉衷肠说:我们虽不能同年同月生,但愿同年同月死,我不愿看见你的坟墓,我也不愿你埋葬我。这就是爱对于死的积极作用。

如果一个人长生不死,爱对他就没有任何意义,就像在生活里,我们企慕自己所没有的东西而无视现有的东西一样。会死的人害怕死,不死的人害怕不死,这就是生存的悖论。法国存在主义作家西蒙·波伏瓦在《人都是要死的》这部小说中,力图依据生活的逻辑揭示出不死的可怕,从而反衬出死亡的不可怕。她塑造了一个长生不老的人物福斯卡。在一次保卫战中,福斯卡为了城堡的胜利,吞了一瓶不死的灵丹,结果别人都死了他却成了一个又一个历史的见证人,他经历了吞并战争、征服美洲、地球探险和法国革命等重大事件。人们羡慕这位不死者,他却因为不死而失去了生活的乐趣。对他来说,生活是枯燥无味的,别人可以通过战死疆场而博得勇士的光荣,而他只能在机械的重复活动中对自己的生存发出无可奈何的哀叹,死者可以赢得姑娘的爱情,而他这位长生不死者注定要为爱情所抛弃。当姑娘玛利亚娜知道福斯卡是个长生者之后,她就不再爱他了。因为她觉得,既然福斯卡不会死亡,那么他就不是自己的同类,他不能与自己同生共死,相反,会因为自己永恒而忘却她这个短暂的生命。他在历史长河中可以成为千千万万个姑娘的恋人,而她只能填补他瞬间的空虚。所以,玛利亚娜给福斯卡临终遗言是:"你将抛弃我,我恨你。"

时间对长生者没有多大的价值,因为长生者心目中没有未来,没有希望,而只有日复一日的今天。怕死的人贪生,怕生的人想死。唯其如此,长生者最终都会发现爱的无味,生的怪诞。可以断言,爱是建立在人都会死这一基本的事实之上的。福斯卡这个不死者的悲剧就在于他不能以死来表现爱的价值。如果说,生是由死界定的,那么爱的意义只有在死中才能得到规定和印证。爱是超时间的,在那里,百年如同一瞬,天涯近在咫尺。而死则拉开了空间和时间的间隔,它不断提醒我们时间的紧迫,使我们觉得为时间所逼。濒死的人之所以想在短暂的时间里尽情享受,无非是想把长时间的经历加以压缩,或在短暂里享有永生。爱使我们忘却时间,因此也使我们忘却死亡,从这种意义上讲,是死催我们去爱。

第五章　死与自杀

　　自杀是主体自愿的自我毁灭行为。它作为主动的死亡不仅使死亡方式平添了诡秘阴森的色彩,而且通过人自身对自身的抛弃证明,人是一个独立而能动的主体。当社会的沉沦、精神的颓废和灵肉的失衡使人凭借自杀而走向死亡深渊时,社会由此而引起的震荡足以让人处于惶恐不安的状态。因此,对人生的生存方式和人生意义的思考自然不能回避对自杀的全面认识。

　　事实上,对自杀的探讨不仅是认识上的需要,而且是培养健全的心理和建立健全的社会的需要。历史表明,哪里有社会,哪里就有自杀。自杀像人类一样古老、像凶杀一样古老、像自然死亡一样古老。尽管自十九世纪末,法国社会学家迪尔凯姆的《论自杀》一书出版以来,人类在对自杀的探讨方面进行了卓有成效的努力,但迄今为止,人们对这个普遍的社会问题还是感到束手无策,可现实的发展却一再提醒我们所面临的问题的严重性。

　　世界卫生组织提供的资料表明,全世界每年约有 37 万人死于自杀。1987 年,匈牙利每 10 万人中就有 45.6 人自杀。在我国大中学生中,自杀是列居第二的死亡原因(仅次于事故)。由于各种因素的影响,上述估计是非常保守的。比如,撞车自杀常被作为交通事故来处理,而自杀受伤直到几周、甚至几个月后才死去的人从未作为自杀而登记在案。不少家庭和朋友为了顾及死者的声誉和家庭的声誉往往掩盖自杀死亡的真相。有人估计,目前世界上统计到的自杀人数只占

73

实际自杀人数的 12%—65%。至于自杀未遂者,部分自杀[1]和企图自杀者,更是多得难以计数。

尽管自杀一向被视为懦弱而遭人鄙视和谴责,但自杀趋势并未因此而减弱,相反,随着文明的进步,自杀人数却在急剧增多。[2] 现在,自杀已成为威胁人类的三大社会病之一。因此,揭示自杀的本质,探讨自杀与人类生活的复杂关系,并在此基础上制定防止自杀的有效方案,乃是摆在我们面前的紧迫任务。

一、自杀的生理、心理基础

自杀并不是人类特有的行为。如果我们承认人是从动物进化而来的生物学事实而不是人为地隔断他们的连续性,那么,我们自然能从动植物界找到人类自杀的胚芽。据说,在毛里求斯有一种能活一百年左右的棕榈树,每当末日来临,它就用一天的时间抖落树叶与花朵,随后干枯而死。故此,当地人称此树为"自杀树"。动物界也不乏自杀现象,亚里士多德就在《动物史》中记载过马自杀的事例。在现实生活中,有的狗也因失去主人而拒绝进食,最后活活饿死。1978 年 10 月 11 日,中国的锦州湾就有 15 头虎鲸登陆集体自杀。海洋生物学家早就注意到,当一些蓝鲸在近陆海域内发现有成群虎鲸追赶时,它们往往冲上海滩而不愿被虎鲸咬死。

上述事实提醒我们,人的自杀也许具有一定的生物学基础,如果我们不忘记自己身上有动物性的一面,我们就很容易理解这样一种观点:人的天性或本能中存在一种自杀倾向。这种倾向要么被后天的外在因素所减弱,要么被这些因素所增强,要么被这些因素保持下来,但绝不可能被这些因素彻底根除。因此,充分注意人的自杀的潜在可能

---

[1] 所谓部分自杀是指主体采取一系列的自我毁灭行动但并未导致死亡,如自伤、自残行为,许多心理学家认为,这种行为的无意识机制与自杀没什么两样。

[2] 大量人类学资料表明,种族的文化层次越低,自杀冲动隐藏得越深。但人类学家施太美特尔(Steimetre)指出,野蛮人的自杀倾向比文明人的自杀倾向更强。

性不仅有助于我们对自杀的原因进行深入的探讨,而且有助于我们为防止自杀而做必要的疏导工作。近几年的研究已经初步证实,自杀的确具有一定的物质基础,美国韦恩州立大学和国立精神卫生研究所的科学家们发现,自杀者脑内的生物胺 5-HT 的活性水平比其他暴死者低得多,自杀者脑内 5-HT 的受体也比其他人少 30%—40%。从目前提供的材料看,严重抑郁症患者的自杀率高达 70%左右,而美国科学家布朗在 1982 年通过生物实验提出生物胺的明显降低正是发现抑郁症的物质基础,因而也是导致自杀的重要生理因素之一。在此,我们自然会提出这样的问题:我们能否通过提高 5-HT 的活性来治疗抑郁症从而降低这类病人的自杀率呢?

如果说以上的发现为我们研究自杀问题提供了生物学根据,那么揭示自杀与遗传的关系也许会进一步加深我们对自杀的生理机制的认识。1981 年钦貌佐(Khin-Maung-Zaw)在《一个自杀家庭》中报道[①]一个七口之家就有三个人因患抑郁症而自杀,而其他家庭成员也都有过自杀的念头。钦貌佐追访了这个家庭的家族史,发现男方的祖父、父母都因患抑郁症而自杀。类似的事例屡见不鲜,这就使得我们合乎逻辑地推断,自杀倾向是可能遗传的,因为引起自杀的那些精神疾病是可以遗传的。在一个家庭里,如有一个成员因患抑郁症而自杀,他的其他家庭成员和后代应当特别提防,以避免这类现象继续重演。

法国社会学家迪尔凯姆甚至猜测,自杀具有传染性。[②] 据说 1772 年,一家医院里有 15 个病人接二连三地吊死在同一个挂钩上,这个挂钩放在医院漆黑的通道里,人们一移开这个挂钩,这场"传染病"即告结束。与这个结论类似的另一事例是,在布洛涅的兵营里,有个士兵在岗亭里用枪砸开了自己的脑袋,几年之内其他人也在同一地方仿效他,这个岗亭一被烧毁,这场可怕的"传染病"也就停止了。所有这些事实表明,痴迷心理具有不可抗拒的影响力。随着唤起这个思想的物

---

① Khin-Maung-Zaw, "A Suiside Family," *British Journal of Psychiatry*, 1981 (vol. 139), pp. 68-69.

② 迪尔凯姆:《自杀论》,冯韵文译,商务印书馆,1996 年,第 279 页。——编者注

体的消失,人们才停止这种行动。

事情可以这样来解释:他人的自杀有一种示范作用,由于许多人本来就存在自杀倾向,他们对死亡事件总怀有特殊的兴趣。成功的自杀不仅使他们看到了死亡的简单,而且直接向他们暗示了现成的自杀手段,通过别人的自杀而确立的生不足惜、死不可悲的观念会在突然间使他们摆脱自杀时的犹豫,而一般人的盲从本性则使他们从他人的自杀中受到启示与鼓舞。在今天,大众传播媒介,如电视、电影以及文学作品所描绘的自杀行为模式很容易使人从审美角度而不是从道德的角度去看待自杀。在模仿类似的自杀行为模式时,自杀者对自杀痛苦的恐惧被大众传播媒介所渲染的浪漫而神秘的气氛冲淡了,他心中所想的是如何以有效的自杀去解决生活的冲突,结果是运用某种自杀方式常常成为一种时髦。

自杀是人类死亡本能的曲折表现。死亡本能作为与生存本能相并行的心理冲动总是以这样或那样的方式内在于人的思想和行为。弗洛伊德认为死亡本能是一种破坏性的本能,一般表现为侵犯和敌对,当它指向他人时便表现为杀人形式,当它内化转向自我时,就采取自杀形式。如果这种假设能够成立,那么自杀便是人类为谋求内外平衡所做的努力。尽管这种努力的结果是"不能努力",是一种终结的努力。根据这种逻辑,一切自伤自残行为都是人的攻击性向内运动的结果。在人的对外攻击性的渠道受阻时,毁伤自我常常成了疏导和排遣情绪的一种手段。自杀是一种有目的的行为,就此而言,自杀属于广义上的谋杀——对自身的谋杀。用专业术语说,自杀是一种"移位"(displacement),自杀者通过谋杀内投的对象而排除了谋杀对象的罪恶感。通过自杀,自我获得满足,超我因此而平息下来。如果根据病理学来解释,自杀与杀人的区别仅在于谋杀对象不同,在于死亡本能的指向不同。因此,我们可以发现,在一些高度分化的社会里,自杀与杀人成互反趋势:杀人率高,则自杀率低;杀人率低,则自杀率高。(当然也有例外情况,如在法国和日本,自杀率和杀人率却大致同步增长或下降。)这种现象也许可以用来解释死亡本能的转向。

　　但是,自杀作为复杂的生命现象往往是由诸多因素造成的,在这些原因中既有个人因素又有社会因素,既有内在因素又有外在因素,社会因素只有通过个人因素才会起作用,个人因素只有通过社会因素才能表现出来。

　　就个人因素而言,不少人倾向于把自杀看成个人的病态行为,社会因素则仅被视为诱因。法国文学家、哲学家加缪的观点很有代表性:

　　　　人们向来把自杀当作一种社会现象来分析。而我正好相反,我认为问题首先是个人思想与自杀之间的关系问题。自杀的行动在内心默默酝酿着,犹如酝酿一部伟大的作品。但这个人本身并不觉察。某天晚上,他开枪自杀或投水了。人们曾对我谈起一个无家可归的流浪汉自杀了,说他在五年前失去了女儿,从此他就完全变了,人们说他的经历早已为自杀的行动“设下了伏雷”,人们还没能找到比“设下伏雷”更准确的词。开始思想,就是开始设下伏雷,社会在一开始与自杀并无关联。隐痛深藏于人的内心深处,正是应该在人的内心深处去探寻自杀。[①]

　　我们不必过分看重加缪的这种观点。因为他的说法明显有前后矛盾之处,但是他提醒我们更多地去揭示人的内心隐患,这是无可非议的。的确,人从来就不是一个由外部世界任意摆布的被动对象,他常常是在极端的情境中对外界做出总体的反应。一般的精神病患者,心理失衡乃至正常人都可能处于极端情境之中。偏执狂的存在就是这种极端情景中的突发反应。当人的内心冲突和创伤未能得到适当的解决和弥合时,人的心理危机首先表现为内在情感的失衡,这种失衡往往不同程度地影响个体对外部世界的感受以及个体的自我评价。因此,个人做出自杀的决定始终离不开影响个性的精神刺激因素。从

---

① 加缪:《西西弗斯的神话》,杜小真译,人民文学出版社,2012年,第12页。(原文中本段引文出处不详,今改为杜小真先生译文。——编者注)

这种意义上讲,自杀的隐病的确深藏在人的内心深处。据统计,自杀的精神病患者占自杀总数的 25％左右,而精神病对自杀行为的影响在很大程度上是通过患者的个性特征和他与周围环境的相互关系间接地表现出来的。有些性格刚烈者仅仅是因为怨愤填膺无从抒发,于俄顷之间顿起自杀之念的;而另外一些人如遇到同样情况就不会自杀,而是采取报复或忍耐的态度,这一点表明自杀行为与个性特征有着内在的联系。

那么,这是否意味着一切自杀都与病态心理有关呢?

有些精神病学家认为,从自杀者身上可以发现精神错乱的一切特征。人既然在正常情况下可以理智地调整自己的情绪和行为,那么趋生避死的本能会阻止他采取自杀行动。只有在精神失常时,人才会走上自我毁灭的道路,自杀本就是某种精神病的直接或间接的表现形式。这种观点也许是基于以下的事实:自杀者作出自杀决定时通常要受到某种反常情绪的影响,不管这种情绪是隐藏不露还是公开爆发,也不管产生这种情绪的方式是突然的还是缓慢的。无论如何,一个人要采取自杀行动就必须积聚超出常规状态的心理能量并打破平时的心理平衡。因此,自杀者常常表现出偏执狂的人格特征。人在自杀时,要么抑郁,要么狂躁,但不论是抑郁还是狂躁都是积聚能量和打破常规心态的过程。失恋自杀,人际障碍自杀,癌症病人的自杀以及利他主义的自杀实际上都是经历了这样一个过程。

据报道,1978 年在南美洲圭亚那的琼斯镇一次就有 900 余人为忠于领袖的意志而集体自杀。根据上述精神病学的观点,我们也许可以把这种自杀归因于由狂热信仰所产生的偏执狂,因为对领袖的崇拜使人丧失了健全的心智,使人不可能对自己的生命价值和生存目标作出客观的评价。这种人的心态常常被羞耻观念和恐惧倾向所占据,他们总觉得自己随时会失去生命,与其等死,还不如为忠于他们的领袖主动去就死。如果对这种人进行心理分析,你就会发现他们的推理总是不连贯的,但他们的价值取向却是单一的。对于上述集体自杀现象,美国迈阿密大学心理学家莱萨吉(Lasage)也作了与精神病学相关的解释,他认为这种现象是一种社会规模的集体催眠术。

一般说来,有四种自杀强有力地证明了精神病症与自我毁灭的相互关系,它们是狂躁型自杀、抑郁型自杀、迷恋型自杀和冲动型自杀。

狂躁型自杀是幻觉和健忘导致的,这种人自杀常常是为了逃避想象的危险和悲哀,甚至是为了遵守某种来自上天的神秘命令,他们在自杀前的情绪和行动总是反复无常,躁动不安使他们像个一刻不停的风车,各种想法在头脑中不断涌现并以惊人的速度改变和消失。当暗示自杀的幻觉突然出现时,他们相应采取暴烈的自杀行动。如果他的自杀企图没能实现,他也许会暂时安静下来。有时,一个偶然的事件就能改变他们自杀的决定。比如,有个病人想跳河自杀,其实他跟前的河只不过是他的幻想而已。他因没能自杀而四处寻找藏身之地。这时有个过路人发现他精神异常,就威胁说要枪毙他,于是他心情平静地走回家去,以后再未想到自杀。

抑郁型自杀是由于过分压抑和悲哀导致的。大量的实际观察表明,大部分自杀者在自杀前都处于不同程度的心情抑郁状态。过分的压抑和悲哀常使人难以清楚地意识到他与周围环境的关系。对他来说,外在世界总是灰色的,生活并不意味着幸福和欢乐,而是意味着烦恼和痛苦。当这种情绪强烈时就会产生自杀的念头并且这些念头长期难以消失。抑郁型自杀者总是被恐惧、自责、悲哀与绝望所困扰。他们往往是在极度平静的情况下准备自杀手段的。为了达到自杀目的,他们常常表现出令人难以置信的恒心与毅力,甚至表现得十分聪明。有个女孩因要外出求学而离开了家乡,她为远离亲人而感到痛苦,不久便产生了自杀念头。她时常站在一个地方发呆,眼睛直勾勾地盯着地面,胸脯起伏不定,仿佛看到了某种令人恐惧的东西。她一心想跳河而死,为此她跑到一个偏僻的地方以防有人相救。当她意识到自己的行为具有犯罪性质时,马上放弃了自杀念头。但一年之后,她的自杀倾向愈发强烈,以致最终走上了自杀的道路。

迷恋型自杀是由固定的死亡念头导致的,而没有现实的或虚构的原因。这类自杀者总是被死亡的念头所纠缠,尽管他本人完全知道他没有理由这样做。他的理智与情感是分裂的。当病人意识到自己行为的荒唐时,他开始竭力抵抗,但通过这种抵抗他越发压抑和焦虑。因此,这种自杀常被称为焦虑型自杀。有个人在自杀被救后作过如下的自述:我最大的痛苦就是想自杀,我从来就没有摆脱过这些念头,我有这种冲动达一年之久,一开始是不怎么样,后两个月它总是纠缠我。我知道我没有理由要自杀,我有令人满意的工作、可观的收入、身体健康,家庭也很和睦,我本可以像我的同龄人一样生活得很快乐。

冲动型自杀仅仅源于突发的情感冲动。在此,自杀倾向是突发出现的并且影响极大,这类人在看到刀子之类的工具时就顿起自杀念头且动作很快,以至病人常常自己也弄不清楚发生了什么事情。比如,有个人在与朋友交谈时突然起身向河里冲去。被救后,别人问他为什么自杀,他回答说不知道自己是怎么回事。他只觉得受了不可抗拒的力量的驱使,而他以前从未动过自杀的念头,至少他暂时不记得动过这样的念头。病情较轻的人在感到有这种冲动后,通常要设法逃离现场,避开死亡工具的吸引。也许,如果人没有建立潜在的行为模式,那些外在的刺激是不可能导致自杀的。几乎一切人都经过了不同程度的受挫过程、压抑过程,并且有不同程度的罪恶感和焦虑感。自杀则通过特定的情绪而成为清除压抑和受挫的潜在通道。

上述四种病态自杀似乎仅仅是个人的心理病态现象,它们要么毫无动机,要么是为想象的动机(如摆脱想象的恐惧对象)所驱使,这一点体现了病态自杀与其他自杀的明显区别,因为其他自杀者的动机在现实中是可以找到的。然而我们应该看到,尽管正常人和临界心理失调者在自杀时常有精神异常似的抑郁和沮丧,但是这些人是在理智清醒的情况下作出自杀决定的。因此,虽然自杀中所表现出的情绪可以通过个人经历来说明,特别是通过特殊的心理结构来说明,但自杀情绪始终是外部因素内化的产物,笼统地把一切自杀都看作病态行为实质上是混淆了自杀时的行为表现和引起自杀的根本原因。从客观上讲,这是把医治自杀这种社会病的责任推给精神病医生。我并不否认人人都有自杀的潜在可能性,但是个人的精神刺激因素只为心理危机的产生创造了条件,它并不一定导致不可避免的自杀行为。事实证明,自杀行为是生理、心理、社会生活和文化因素相互作用的结果,况且有许多人自杀是为了神圣的感情、服从法律的约束、恪守自己的信念或为了国家的利益。他们很清楚自己在干些什么,并且完全可以自主地作出别的选择,即使是精神病人的自杀也不一定属于上面所说的病态自杀,有些精神病人是在病情减轻、理智清醒时采取自杀行动的,他们自杀的原因是不堪别人把自己视为疯子或担心自己以后病情恶化又要被关进精神病院。这一点可以从一些精神病人留下的遗书中看出来。

二、自杀的定义和分类

什么是自杀呢?对一般人来说这是个不言自明的问题。其实问题并不如想象的那么简单。对自杀的定义往往随文化传统的不同而不同。如果一个社会对自杀采取谴责态度,那么这个社会会把一切值得赞扬的行为从自杀定义中排除出去;如果社会对自杀采取肯定态度,那么这种肯定态度也常反映在自杀的定义中。比如,在古代,自杀往往遭到社会的谴责,而妇女殉夫则被看成正常的行为。于是,人们不把妇女殉夫称为自杀,而是称为牺牲。再如,在一个对自杀采取肯定态度的社会中,一切导致死亡的,对社会有意的冒险行为均可被视为自杀。在日常意识里,如果一种有意的自我致死行为旨在解除自己的痛苦,这种行为一般被称为自杀;如果旨在解除他人的痛苦或减轻他人的负担,这种行为一般被称作"牺牲"。

然而,日常意识对自杀和牺牲所做的上述分界是以了解自杀动机的性质为基础的。换言之,看一种有意的自我致死行为是自杀还是牺牲,就得看他的行为是利己的还是利他的。实际上根据结果来确定人的行为动机是非常困难的。比如,有个人的刹车失控,他为了不轧死路上行人,把车往山上开去,结果自己翻车而死。事后,人们既可以断定他是因车祸而死,又可以说他是为拯救别人而牺牲,甚至可以说他是在自杀。面对这种情况,保险公司、司法部门、死者单位以及社会科学家们颇感棘手。因为事后我们可作三种假设并能找到相应的理由。如果说他是自杀,社会对他的死可以不负任何责任;如果说他是为别人而牺牲,社会有义务给予其家属以一定的照顾;如果说他是因车祸丧生,保险公司就应付给其家属一定数量的费用。

那么,如何保证自杀定义的确定性呢?对自杀的流行定义是,当一个人有意地结束自己的生命时,他的行为方式构成自杀。但是,在有些情况下,确定一个人是否是自杀行为同样十分困难。比如,有个老人坠楼而死,我们可以说他的行为是一种自杀,也可以说他是不小心从楼上掉下去的。甚至可以说是他杀。为了克服这一困难,法国社会学家迪尔凯姆对自杀作了这样的定义:

> 自杀这个词适用于由牺牲者本人的肯定或否定行为直接或间接导致的一切死亡事例(他知道会产生这种结果)。[①]

这个定义扩大"自杀"一词的适用范围,在一定程度上减少了对自杀规定的主观任意性。正因如此,迪尔凯姆的定义在很长时间内被人们作为标准定义。然而,当代精神病学家埃尔文·斯汤吉尔(Erwin Stengel)发现,在自杀时,自杀者很少知道他的行为会导致死亡,大部分自杀者对是否放弃性命抱着十分矛盾的心理,我们很难说他是想死还是想活。不过,他们的自我毁灭倾向导致他们进行极端的冒险,并且毁伤自己的身体。在现实生活中,我们也发现有许多自杀者在采取自杀行为时经常是听天由命,甚至有人吞服大量不知其名的药片后静静地等待上帝的判决。有个被恋人玩弄而遭抛弃的少女在服毒被救后说:"我想,如果我病了我会好受些,不知怎么我相信自己不会死。"这类事实表明,在迪尔凯姆的自杀定义中"他知道会产生什么结果"是值得怀疑的。为进一步避免主观任意性,社会学家罗纳德·玛里斯

---

① Émile Durkheim, *Suicide:A study in Sociology*, New York: Free Press,1966, p. 44.

(Ronald Maris)提出了涉及范围更广的总括性定义：

> 当一个人采取一种他知道有可能毁灭并且事实上会毁灭他的生活方式的行为时，他的行为就构成自杀。

这种自杀的总括性定义包括各种自我毁灭形式，诸如冒险和许多所谓的"事故"①。显而易见，这个定义过于宽泛了，它不仅无法区分自杀与事故性死亡，而且会把吸烟、登山、空间探索等活动也作为自杀行动，这样一来，法律保险、医院等部门在处理死亡问题时就很难辨。依我之见，问题不在于在定义自杀时要抛开自杀者的动机，而在于怎么进一步说明这种动机。只有把动机和结果综合起来，才有可能对自杀做出恰如其分的定义。故此，我倾向于把第二种定义与迪尔凯姆的定义结合起来。

尽管到目前为止我们还无法找到一个令人满意的自杀的定义，但一个行为要构成自杀必须满足两个基本条件：第一，主体自愿死亡；第二，主体选择了死亡手段并且主动完成死亡过程。简言之，自杀是主体自愿的自我毁灭。

有人可能会问，绝食、病危时拒绝治疗以及某些"牺牲"是否算自杀呢？根据上述定义，对此问题的回答是肯定的，任何导致死亡的手段都可用于自杀目的。只要主体自愿选择了死亡手段并且不是由他人而是由自己来完成致死过程，那么他的死亡就应当算作自杀。至于牺牲，我们不能把它与自杀相提并论，因为从逻辑上讲，它们之间是一种交叉关系，而不是并列关系。自杀可能是牺牲的一种方式，或者说，有的牺牲属于自杀（如利他自杀），但并不是所有的牺牲都属于自杀。

迪尔凯姆关于自杀的分类有助于我们进一步认识自杀与牺牲的相互关系，也有助于我们深入了解自杀的基本特征。在此，我们不妨采纳他的分类方法。根据迪尔凯姆的观点，自杀可以分为利己自杀、

---

① Seymour Perlin, *A handbook for the Study of Suicide*, New York: Oxford University Press, 1975, p. 101.

利他自杀和反常自杀。

利己自杀是一个人因自己的利益得不到满足或不能忍受自己所面临的苦难而采取的自杀。一般说来,它是以个人主义为特征的。由于利己自杀者经常不能把自己整合到社会群体中去,一旦外界因素侵犯他的个人利益,影响他的人格,限制他的自我意识,他就可能以自杀的方式来反抗这些外在力量。在一个轻义务和少责任的社会中,个人往往缺乏与社会的整合。这样以自我为中心的人格不仅会时时表现自我利益的排他性,而且处处把个人对社会的要求放在社会对个人的要求之上。由于人心的孤寂随个人的自我意识的增强而增强,因而,一旦个人的情绪得不到有效的表达,个人与群体、内心世界与外部现实的冲突就会打破个人对生命意义的既有信念,并通过剔除自我来结束对自我价值的崇敬和怀疑。比如,在当今日本,许多青年十分关注自己在社会中所扮演的角色,个人对社会认同的需要自然特别强烈。在这种情况下,如果个人的自我实现要求因角色的改变突然受挫,那么,近乎自恋的自我很可能由此走上自杀的道路。通过对自杀率的比较研究,我们可以发现,社会和群体的凝聚力越弱,个人的利己性就越强,利己性自杀的可能性就越大。

利他性自杀是主体为了他人利益而进行的自杀。在通常情况下,利他自杀者对他人和群体有着高度的责任感。他们的个体性被融入社会性之中,对他们来说,个人的利益与他人或群体的利益息息相关,个人的价值和意义只有在社会或群体中才能得到规定和体现。由于自我的生存意志受群体的价值观念的影响强烈,个人的社会化过程会使个人以生命去承受他人的苦难。而意识形态和日常意识对利他性自杀的推崇和宣传则强化了公众为他人献身的崇高感和光荣感。在个人生活受到集体主义精神严格支配的社会里,很容易发生利他性自杀,盲目的政治忠诚和宗教狂热也会导致这种自杀。

反常自杀一般出现在社会规范对某些社会成员失去控制的时候。当社会良心达到崩溃的程度,旧有的生活方式和价值观念面临急剧的变化,有些人因不适应这种转变而失去心理的平衡,结果自杀之风骤起。经济的突然繁荣和萧条都可能导致反常的突然增多，这是历史上反复出现的现象。

三、影响自杀的相关因素

到目前为止，我们还找不到一个普遍适用的自杀理论，也找不到一个普遍适用的防止自杀的有效手段，其原因首先在于自杀行为不仅受生理、心理因素的影响，而且受许多复杂的外在因素的影响。在不同时期、不同地域、不同的社会结构、不同的文化传统、不同的年龄层次、性别和种族中，自杀率的高低、自杀的社会效应以及对自杀行为的道德评价都是极不相同的。这里，我只想举几个影响自杀的外在因素，并希望初步揭示这些因素与自杀行为的关系。

自杀与性别的比例。在已遂自杀者中，男性多于女性；在未遂自杀者和企图自杀者中，女性多于男性。从世界卫生组织统计的资料（1975—1981）看，每10万人中，匈牙利男性有超过63人自杀，匈牙利女性约有26人自杀。1979年，美国男女自杀死亡率的比值分别为3.10∶1。为什么会出现未遂自杀女多于男，已遂自杀男多于女的现象呢？其原因归根结底在于男女自杀时的心态的差异以及社会对自杀过的男女所作出的不同反应。

从性格特征上看，男性即意味阳刚，女性则是阴柔的化身，不管社会的进程是如何在日益缩短两性间的差距，男女之间的生理和心理区别是始终存在的。一般说来，女子在遇到生活变故时心理承受能力比男子强，尽管女子比男子多愁善感，也更容易产生自杀念头，但女性天性上的普遍柔弱和胆怯常使她们在做出自杀决定时犹豫不决，故而容易放弃自杀念头；相反，男子一旦下定决心通常都较快付诸实践。男子所崇尚的果断、刚毅和豪气常使他们选择的自杀方式更为暴烈，自杀成功率自然更高；而女子通常选择的自杀手段比较软，成功率相对低一些。从外在的方面讲，男子接触社会的机会较多，担子重，受挫率较高，这大大加深了男子产生心理危机的程度，一旦处于绝望状态，男子较女子更易产生自杀的念头并下定自杀的决心。

自二十世纪六十年代以来，由于妇女地位的日益提高，男女的生活方式、行为方式的差别缩小，男女参与社会工作的机会日益均等，他们受挫的机会也相应接近。因此，西方国家男女自杀比例有缩小趋势。但在我国和日本，女性的自杀率高于男性。1985 年上海市区自杀死亡人数中女性占 54.24％。中国和日本都是非常重视人际关系、家庭关系的国家。与男子相比，女性在这些关系中受挫的可能性、自杀的可能性要大得多。事实说明，家庭、婚姻、恋爱方面的人际纠葛是女性自杀的重要原因。

自杀率的高低常随时间性的变化而变化。春天是人和动物都易动情的季节，也是精神病的多发季节，自杀的高峰期多在春季。在美国，8—9 月是自杀的第二个高峰期，12 月最低，麦克马洪（MacMahon）发现，美国每月 5 日前后自杀人数最多，每月 1 日自杀者最少；在一周中，星期一自杀者最多，星期六自杀的人最少。这也许是由于时间的暗示作用所致。人的精神压力随休息日的到来而相应减轻，而一旦工作日开始，便意味着身不由己，工作中的一系列烦恼将再度重演，刚刚享受过的闲适与迎面而来的紧张烦恼所形成的强烈反差容易使人的精神危机骤然爆发而导致自杀。

在烽火连天的战争年代，战场以外的自杀率总是急剧下降的，这不仅是因为人的死亡本能转向了外部世界，而且血淋淋的现实向人们显示了死亡的痛苦。人们对生命的爱惜，对死亡的恐惧随着战争增强了。

无论是在东方还是在西方，婚姻问题都是导致自杀的一个重要原因。在自杀者中几乎有三分之一是属于情困。从总体上说，结婚者比尚无配偶者具有较低的自杀率。丧偶、独身与离婚者常因情感压抑或悲哀而自杀。而结婚者不仅能通过婚姻有效地表达情感，而且还由于心里的牵挂太多，在选择自杀时比较犹豫，因而更容易放弃自杀的念头。许多国家的自杀率从高到低依次为：(1)鳏夫或寡妇；(2)离婚者；(3)两地分居者；(4)未婚者；(5)已婚者。

在中国，因家庭纠纷而导致的自杀几乎占自杀总数的一半。父母的离异和家庭的瓦解往往使子女失去父母之爱和家庭的温暖,情感表达能力差的儿童会因此而产生自杀念头。不仅如此,由于家庭是缩小的社会,社会的各种危险因素通常通过家庭影响个人的思想和行为。在孩提时期,个人的行为模式是通过家庭而形成的,家庭的社会化过程其实是儿童的受挫过程,这一过程中,儿童的情绪模式决定了人的自杀倾向,社会因素正是通过这种情绪模式和自杀倾向而导致了人的自杀行为。

自杀率基本上是随着年龄的增加而增加的。这一点已成为众所周知的事实。在西方,5—15岁组自杀线上升很快,以后便呈缓慢上升趋势。在我国,许多地方15—22岁组自杀曲线猛增,在一些发达国家,如德国、美国、日本、希腊,从55岁开始曲线再度上升,75岁以后的死亡率最高。这些材料表明,在青少年时代人格尚未定型,当人从家庭走向社会时,他必须接受新环境的挑战,因此产生心理危机的可能性突然增加,自杀的可能性自然更大。据报道,在日本,有三分之一的青年因在学业上的激烈竞争中失败而自杀。人到中年后,人的情绪和生活相对稳定,自杀曲线上升很慢。到老年后各种变故增多,特别是体质的下降以及各种疾病的干扰,加之人的孤独感增强,因此自杀率再度上升。

在西方国家里,天主教徒的自杀率是所有宗教群体中最低的,而新教教徒的自杀率通常都很高。这主要是因为天主教强调群体关系,提倡个人介入社会,主张个人与群体保持共同的感情和信念。这样一来,个人会觉得自身的命运和群体的命运相连。个人遭到不幸时容易得到群体的同情和帮助,个人的罪感和责任也因群体的承担而减轻。因此,个人的心理危机比较容易克服。与此相反,新教强调个人主义,主张个人的罪感和责任由个人来承担。这样,新教徒既要面对上帝,又需承受长者对个人的赤裸裸的谴责,同时,新教徒也不像天主教徒那样通过宗教、诗歌、艺术和仪式排除儿童时的受挫感和压抑感。

四、自杀的动机与道德评价

中国人常称自杀为"轻生"或"寻短见"。这种日常意识的确反映了与自杀相关的两个重要因素——自杀的动机和自杀者的自我认识。问题是轻生者为何如此之多？自杀者仅仅是由于自我的"短见"吗？

确定自杀的动机是很困难的。有些人确实想通过自杀摆脱人生的烦恼和痛苦，有些人心里虽不想死，而只是为了向他人做出某种表示，并因此选择了比较安全的自杀方式。有些自杀则仅仅是病态的自伤自残行为。动机与结果的不一致性使我们不能单凭结果去推测一个人的自杀动机或根据动机去防范自杀事件的发生。

然而，自杀者留下的遗书为我们了解自杀动机提供了非常有利的条件。在有文化的自杀者中几乎有一半人要留下遗书。这些遗书从一个侧面反映了自杀者的人生态度和生死观念。不管个人遭遇多么不同，遗书的内容和语言表达每每是想死的。尽管很少有人直接谈论到对死亡的看法，而只是陈述自杀的具体理由，且这些理由只涉及日常生活问题。但是，他们都将生活的意义与生活的质量等同起来。在"文革"中，有个自杀的女教师给她的儿子留下了这样的遗书："我儿：妈妈每天挨斗，受人侮辱，我实在活不下去了。我死后，望你听爸爸的话，好好念书……"有个自杀未遂的女孩则在给父母的遗书上写道："爸爸、妈妈：你们天天骂我，我真不想活了，我要死给你们看。"

第一封遗书表明，自杀者主要是为了维护个人尊严才选择自杀的；在第二封遗书中，自杀者似乎只是想通过自杀来表示对父母的抗议。对她来说，死亡并不是目的而仅仅是手段。在一般情况下，不以死为目的的自杀者喜欢采用软的手段并且在容易被发现的地方进行自杀。令人感兴趣的是，失恋自杀者的遗书从形式到内容都是大同小异的。这种人一般都把爱与生命的意义等同起来，以致觉得失去爱就无异于死亡。这一点除了受个人情感的影响外，还与文学作品等文化媒介对失恋自杀者的渲染有关。

尽管自杀的结果是自我的虚无化，但它可以通过短暂的痛苦来摆脱长时间的焦虑和罪感，又可以用来打开自我与外界的沟通渠道。不管意识与否，有人自杀旨在维护自己的尊严，巩固自己在他人心目中的地位或博得别人的理解和同情，或向别人展示自己的坚强意志和强烈情感。因此,自杀常被人用来表示怨恨和愤怒、忠诚与爱情、道义和信仰,甚至是为了证明自己的清白与正确。正像苏联学者阿姆博普莫娃等人提出的那样,出于上述动机的自杀是一种诉诸社会舆论的方式,其最终目的是为了求得社会舆论的保护和来自亲友、行政以及法律的支持。基于这种原因的自杀的猛增是社会灾难和政治经济危机的征象。中国的"文革"便是最好的例证。那时,许多人因怨愤难消而走上了自杀的道路,因为他们知道死亡事件是最能引起社会关注和震动的事件。"人命关天"的观念会使死者得到他人的注目和同情,在他们的眼里,自己的苦难、怨恨和信念只有通过自己的毁灭而为社会所了解。这一方面反映了个人对社会认同的需要,另一方面又是一个受难者向社会正义和良心所发出的求救的呼喊。

遗憾的是,许多人不去深入了解隐藏在这些人际障碍背后的根源,而是一味谴责自杀者的软弱。在很长的历史时期里,自杀甚至被看成一种可耻的犯罪行为而受到刑事制裁。在中世纪,自杀是遭禁止的。人们认为,人既然是上帝的创造物,那么只有上帝才能掌握人的生死大权。人遇到痛苦和灾难时不应当通过自杀来逃避,而应当坚强地生活下去,忍受这些苦难,并通过忍受苦难来忏悔自己的原罪。自杀是对生命的亵渎,对上帝权力的侵犯,至少是对上帝的不敬。因此,一个人的自杀行为实际上有犯罪性质,因为它违背了上帝的意旨和天国的法律。

中世纪宗教神学家托马斯·阿奎那在《神学大全》中从个人、社会和神权的角度对自杀的不合理性进行过全面的论证。他列举了三条理由:第一,一切东西本性上就是自爱的并且试图自我保存。因此,自杀违反了自然律和人应当自爱的原则。第二,人是社会群体的一部分,因此,他属于这个群体,人的自杀会损害这个群体;第三,生命是上帝的馈赠,并且从属于上帝,只有上帝才能掌握人的生死。因此,一切自杀均是对上帝的背叛。由于这些原因,托马斯·阿奎那断言,自杀在道德上是不允许的。托马斯·阿奎那的论证为西方人对自杀的道德评价奠定了基调,并且在相当大程度上影响了教会对自杀未遂者的惩罚。[1]

在人类走出黑暗的中世纪以后,英国哲学家休谟系统地批判了托马斯·阿奎那的观点。他认为,既然人的死亡是由于自然的原因,那么,我们就没有理由相信还有什么非自然的原因。因此,我们没有必要用上帝的态度来说明死亡事件。退一步说,假如上帝能完全支配人的生命,那么,没有上帝的允许,生活中就不会发生什么事件。但在人类社会中,屡见不鲜的自杀事件显然否定了上帝支配人的生命的说法,因而也否定了自杀违反上帝意志的说法。他反复重申塞内加对自杀所作的辩护。在休谟看来,如果真的存在上帝,那么,人无法摆脱苦难而选择自杀则体现了人对上帝的真诚态度。因为上帝要人趋乐避苦,向善去恶。即使自杀不是结束苦难的最佳手段,我们也不能说它是一种罪恶。在有的情况下,自杀"不仅是无辜的,而且是值得赞扬的"。如果一个人退休了并且退出了一切社会交往,他的自杀就不像托马斯·阿奎那所说的那样对社会造成危害。如果通过自杀清除苦难的价值大于一个人的继续生存对社会的价值,那么,这个人的自杀就是合理的。比如,一个患了绝症的病人不仅痛不欲生而且已成了社会的负担,他的自杀就是合理的。一个被抓住的间谍为防止泄露机密而自杀也是合理的。

今天,对自杀未遂者的某些辩护实际上已为许多人所接受。与吸毒、卖淫和其他刑事犯罪不同的是,自杀不但不会受到舆论的强烈谴责,反而会引起公众的普遍同情。人们甚至会由此想起死者家庭的不幸。这时社会意识对个人独立自主性的承认,是对个人的死亡权利的肯定。

在任何一个社会里,对死亡的哲学理解和道德评价都在相当大的程度上影响着人们的自杀行为。无可否认,由于自杀始终是一种自愿的死亡,自杀者对生命价值的意义的看法,对死亡的认识程度一直支配着自杀者做出最后的选择。自杀既体现了主体对自身的拥有,又体

---

[1] 参见托马斯·阿奎那:《神学大全》(第九册),胡安德译,中华道明会/碧岳学社联合出版,2008年,第214页。——编者注

现了主体孤注一掷式的主动性和独立性,并且证实了个人对自身的决定权。但是,自杀的完成标志着个人与社会、与外界的绝对分离。通过自杀,个人在了结了自己的同时也了结了他眼中的世界。自愿的死常常是最后的一张王牌,它不仅使敌手望而生畏,而且使自己的意志力得到了最终的证实。

然而,有不少人以过于功利的眼光去看待自杀现象,以致觉得当一个人无法摆脱眼前的困境时可以决定自杀。我以为,这是对死亡权利的一种滥用,社会意识对自杀行为采取的不干预态度并不意味着要提倡人们放弃对自杀的严肃态度,也不意味着在鼓励个人追求物质生活的丰富性时放弃个人对社会的责任,更不意味着要漫无差别地肯定一切自杀的合理性。

那么,评判自杀的合理性的标准是什么呢? 哪些自杀是合理的,哪些是不合理的呢? 在人类历史上,社会意识对自杀的合理性的评价一般是依据四种原则:功利性原则、人生价值原则、自律性原则和神学原则。

根据功利性原则,一个人的行为是否道德取决于它对个人和社会的利益的大小。如果这种行为能最大限度地增进人的安全感和幸福感,从而最大限度地减少恶,那么,这种行为就是合乎道德的。因此,如果一个人认为他没有活下去的指望,并且他死了更有利于个人和社会,那么,他做出自杀决定就是合理的。比如,有个病人身患绝症,他自身非常痛苦同时也明白家人在他身上所耗费的一切都是枉然。于是,他选择了自杀,根据功利性原则,他的自杀就是合理的。因而,社会对他的行为不应加以谴责和阻挠。与此相反,失恋自杀通常都是不合理的。因为爱是一生的一部分但不是唯一的生活目标。况且爱的选择存在着许许多多的可能性。自杀自然会使失恋者摆脱暂时的心灵痛苦,但它否弃了生命,因而也否弃了获得幸福的一切可能性。

根据人生价值原则,人的生命具有内在价值,其中蕴涵着人的意识和尊严。正是这种意义和尊严把人和其他动物区别开来。因此,有意地结束人的生命是一种错误的行为,自杀是不合道德的。但是,社会奉行这一原则时会碰到很大困难。比如,根据人生价值原则,一切堕胎、死刑、自卫性自杀都是不合理的。面对这种情况,人们从维护群体的利益出发有意或无意地对这一原则进行了修改。公众普遍认为,如果自杀和杀人是为了拯救他人的生命和维持社会的存在,那么这种自杀或杀人在道德上是允许的。

根据自律性原则,既然每个人都是自己生命的主人,我们就应当承认每个人都有决定自己命运的权利。只要这个人的行为不对他人造成危害,他就有权发表自己的意见并根据这些意见做出自己的选择。因此,尊重人的自决权也就意味着尊重人所拥有的对自己生命的支配权。这样一来,自杀就成了纯粹个人的、不受社会干预的行为。

根据神学原则,人是上帝的财产,因而无权决定自己的命运。上帝禁止谋杀,而自杀恰恰是人的自我谋杀,因而自杀在道德上是不合理的。

在以上四种原则中,自律性原则被认为是道德评价的最高原则,而功利性原则正为越来越多的人所运用。富有现实精神的人生价值原则为前两个原则的补充,神学原则则由于神学的衰弱和神权的失势而渐渐被社会所淡忘。人生价值原则之所以受到当今社会的挑战,是因为生命价值论的产生为人们认识价值提供了新的角度,它告诉我们,人的生命价值并不等于活在世上,如果人丧失了意识,它甚至会带来负价值。比如,一旦人成了植物人,他作为人实际上已经从世界上消失。他作为器官移植的来源或许尚有某种价值,除此之外,他的价值几乎等于零或者甚至是社会的沉重负担。这些年来,由于安乐死的广泛流行,自杀问题又再度成为全球性的热门话题。

如今,越来越多的人把自愿安乐死看成协助自杀,许多严重病人也正在为维护人的自杀权利而努力。对这些病人来说,生存意味着痛苦和灾难,既然他们没有好转的希望,既然让这些人继续生存下去是一种残忍,既然这些人对家庭和社会造成了沉重的经济负担和感情负担,那么,阻止他们自杀的做法不仅不符合他们的根本利益,而且是很不人道的。有鉴于此,医生们普遍同情无法治好的病人的自杀愿望,有的甚至愿意提供致死剂量的吗啡或其他药物,因为他们心里很清楚,这种药物可以阻碍心跳和呼吸,从而加速死亡过程。尽管如此,许多医生仍因害怕涉嫌谋杀病人而不敢承认他们提供吗啡是为了加速病人的死亡,而只是辩护说,他们给病人提供吗啡仅仅是用来给病人止痛。令人惊奇的是,老弱病残者的自杀并不像其他自利性的自杀那样会引起人们的悲痛和遗憾,相反,他们的自杀行为可以得到亲友们的理解,甚至有些人觉得,通过自杀来结束痛苦对病人本身和家庭都有利。

在此,我无法对其他利己性自杀进行一一讨论,但有一点是可以肯定的,要判定一个人的自杀是否合理不仅要看他的自杀动机,更重要的是要看他的自杀的社会效果。换言之,我们既要遵循功利性原则,又要遵循自律性原则(在我看来,这两种原则虽然有不一致的地方,但两者并非绝对对立。过去之所以有许多道德学家会对同一种自杀行为作出截然相反的评价,是因为他们各执一端了)。问题的关键在于如何尽可能使这两种原则尽快地协调起来。

总的说来,几乎任何一种自杀(包括利他性自杀)都会对社会造成一定的消极影响,尽管影响的程度会随着自杀性质以及自杀的具体环境的不同而不同。我们且不说家庭和社会要负担自杀致残者的康复治疗费、伤残抚恤金以及自杀者所赡养的家庭成员的社会福利金,也不用说自杀者如果健在会为社会创造多少财富,我们只要稍稍留心一下周围的自杀事件就会发现,自杀对家庭成员和他人的压力是很大的,一个家庭会因某个成员的自杀而蒙上阴影,已自杀的父母或其他家庭成员的行为很可能促使下一代仿效他们的自杀行为,这是现实生活中屡见不鲜的事实。

至于病态自杀,社会舆论一般都不进行谴责,尽管它一直被人们作为精神病来对待并且遭到公众意识的本能厌恶。但是,随着道德的医学化,社会医学家和精神病学家都带着十分关切的心情来探讨它的机理和防治手段。如果说许多利己性自杀行为会对社会造成有害影响而引起道德学家们的普遍注意,那么,病态自杀则被称为自然性的心理疾病而处于道德学家的视野之外。其实,我们应当从尊重生命价值的社会良心出发把病态自杀也作为一种社会现象来处理,因为我始终相信,即使是病态自杀也是可以找到这样或那样的社会根源的。

自古至今,利他性自杀一直受到社会道德的肯定和赞扬,甚至被人们赋予很高的价值和意义。利他性自杀者常常被冠之以英雄或各种各样的称号,他们的事迹被四处传颂,甚至被列入对青少年进行道德教育的内容。这不仅是对个人生命价值的承认,而且是社会整合的需要,因为利他性自杀行为作为一种社会规范增强了群体的内聚力。中国有清明节祭扫烈士墓的习俗,其社会意义不仅在于它能够通过忆思既往来满足人的感情需要,更重要的是为了唤起民众的英雄热情,表明群众利益的至高无上性,强化人们的群体意识,培养人们的社会责任感。对军烈属的慰问以及对功臣的追认都可以起到这种作用。

在一个充满浪漫气氛的英雄主义时代里,许多人宁愿在战场上自杀而不愿为敌人所俘虏,其目的无非是以自愿的死亡来表明自己的信念、维护人格的尊严、捍卫整体的利益,在这种情况下,对英雄行为和英雄品质的赞美和颂扬给利他自杀罩上了一层神圣的光环。一个懂得人们尊崇英雄气概的心理的政治家和军事家都能轻而易举地煽动起民众的战争狂热或激发人们的顽强的抵抗精神。在不得不死的时候,人都希望自己死得有尊严、死得悲壮、死得光荣。正因如此,宁折不弯、宁死不屈一直被人们作为美德广为传颂。事实上,这的确有一种动人心魄的力量。在战争和动乱年代,其作用更是大得惊人,它足以塑造一个民族的顽强性格和至死不屈的决心。在敌我双方势均力敌的时候,谁懂得这一点谁就能赢得民心,从而赢得最后的胜利。

第六章　安乐死

　　随着医学技术的发展，人类的生死观念正在发生深刻的变化。一方面，对生命的热爱，对自由的向往和对幸福的追求使人们更加珍惜生存的权利，眷恋人世的美好，坚定生活的信心，从而力求把生命的质量（活着的充实感与幸福感）与生命的数量（寿命的长短）逐渐统一起来；另一方面，人们不再把趋生避死、延年益寿作为绝对的真理。现在越来越多的人清楚地意识到，与其在悲惨的处境下过一种毫无意义的生活，还不如在尽可能减少痛苦的情况下安详地死去。由此我们自然提出了这样的问题：有权追求生活幸福的人们有没有权利在不得不死时选择安逸的死亡？近年来，西方各国学者就这个人们普遍关注的问题展开了激烈的讨论。这些讨论不仅涉及医学、伦理学、哲学、宗教、法律和社会学等许多领域，而且涉及社会生活的各个方面。不管大家的看法多么不同，有一点是可以肯定的，"安乐死"就像人口问题和环境问题一样成为全球性的热门话题。

一、安乐死种种

　　为了说明什么是安乐死，先让我们看几个例子：

　　例1：有个病人因患癌症而住院治疗，癌细胞已全身扩散，他经受着难以名状的痛苦，每隔几小时就得服镇静药。但经过几个月的治疗，他的病情非但不见好转，反而更加恶化。现在每次镇痛只能持续几分钟。病人知道自己命在旦夕而又不堪忍受极度的痛苦，要求医生给他注射致命的毒剂,以尽早结束自己的生命。

如果医生给他注射了致命的毒剂,那就是安乐死的典型例子。从这个例子中,我们可以发现如下几个特征:

(1) 病人即将死亡;

(2) 病人不堪忍受极度的痛苦;

(3) 病人要求尽早死亡;

(4) 病人是被有意致死的;

(5) 这种致死是一种慈善行为。

但是,这仅仅是安乐死的一种形式。在以下的例子中情况稍有不同。

例2:病人张某在一次车祸后全身瘫痪,肉体和精神上都十分痛苦。她想到了自己是个废人,给别人带来了莫大的负担,于是恳求医生给她注射一些毒药,医生不肯,她弟弟给她带来一瓶敌敌畏,她喝过后不久便死了。

这个例子与第一个例子的不同之处仅仅在于,病人并未处于垂死状态。她要求死亡并不是因为自己无法忍受痛苦,而是感到自己是个废人,不想无望地生活下去。这里,病人均是有意识的,她不仅能做出判断,而且能表达结束自己生命的愿望。但在不少情况下,病人往往处于不可逆的昏迷状态。

例3:有个70岁的老太太患有严重的心脏病和肾病,在医院里她一直处于半昏迷状态,以至连家里的人都不能明白她嘟嘟所指,并且病情毫无好转的希望。于是,医生对这个老太太不得不停止一切抢救措施,让她自然死去。

与前两个例子相比,这个例子就具有三个典型的特征:

(1) 病人处于不可逆的昏迷状态;

(2) 病人的死亡不是人为的,而是自然的;

(3) 让病人死亡并不是出于对她的仁慈,而是因为无法挽救她的生命。

基于以上的事实,我们对安乐死已有大致的了解:它要么是根据垂危病人的要求,用人为的手段使病人死亡,从而结束病人的痛苦;它要么是在无法挽救病人的生命时,停止一切治疗措施,使病人自然死亡;它要么是在病人处于不可逆的昏迷状态时采取仁慈的手段使病人死亡或任其死亡,以减轻病人的肉体和精神痛苦。从语源学的意义上讲,安乐死出自希腊文 euthanasia,本意是"愉快的死亡"。在现代西方文献中,它成了"无痛致死"或"仁慈致死"的同义语。前者强调的是死亡状态,后者强调的是死亡方式,不管我们从哪种角度去看待安乐死,它的根本宗旨都是为了尽可能减轻病人在死亡前的痛苦,或者人为地缩短死亡过程。至于死的愉快,那仅仅是一种只能逼近而无法达到的理想而已。对于有意识的人来说,死永远是一种痛苦的事情。我们且不说那些患严重疾病的病人在死前要承受何等的痛苦和折磨,就是那些因衰老而自然死亡的老人在弥留之际也不得不忍受一定的痛苦。只不过痛苦的时间短暂一些,痛苦的程度稍低一些而已。而那些处于不可逆昏迷状态的病人由于失去了知觉和意识,他们的生命只具有生物学的意义。这种人既无法体会痛苦,也无法体会愉快,给他们实行"安乐死"实质上无安乐可言,而只是在减轻生者的负担。鉴于这种认识,我们认为并不存在本来意义上的安乐死。

根据是否对死亡过程进行干预,学术界一般把安乐死分为主动安乐死和被动安乐死。所谓主动安乐死是指由病人自己或由他人(如医生)采取人为手段促使病人提前死亡,如前两例;所谓被动安乐死是指不再采取维持病人生命的医疗措施,而是让病人自行死亡,如第三例。

一般认为,对病人不予治疗在某些情况下是正确的,因此不少极力反对主动安乐死的人并不反对被动安乐死。苏格拉底曾以赞同的行为谈到一个医生说,"他本来就不要治疗那些病入膏肓的身体",因为那样是在替病人延长痛苦。在随后的几个世纪中,基督教和犹太教都没有根本改变这一观念,两者都认为让痛苦不堪而又无望救治的病人自然死去在道德上是可以允许的,教皇皮乌斯十二世说,"我们可以让一个实际上濒临死亡的病人安详死去"。1937 年 12 月美国心理学协会发表了题为"医生与濒临死亡病人"的声明,阐述了对安乐死的政策,肯定了关于慈善致死的传统禁令。这篇声明认为,"由他人有意识地结束一个人的生命——慈善致死——违背医务职责的宗旨,违背美国医学协会的政策"。但当具有确凿的证据证明生物学意义上的死亡逼近时,是否停止采取非常手段延长病人的生命,应由病人及其家属决定,病人及其家属可以自由采纳医生的建议和判断。

现在,尽管绝大多数人都承认被动安乐死的合理性,但对主动安乐死一直持保留态度。有人认为实行主动安乐死不仅在感情上难以接受,而且侵犯了他人生存的权利。同时,在主动安乐死中,由于导致病人死亡的直接原因并不是疾病而是人为手段,因此很难与谋杀区别。事实上,也不乏出于继承财产等方面的不良动机而将病人杀死的事例。有鉴于此,美国法律规定,医生出于最高尚的动机对愿意安乐死的病人执行慈善致死同样具有杀人犯罪的性质。根据司法审理应判处无期徒刑。如果医生亲自给病人注射致命的药物,他就犯有一级杀人罪;如果医生给病人自杀提供药物,而病人又知道后果,因此引起死亡,他至少犯了二级杀人罪。根据法学家黑尔(Matthew Hale)的解释,如果一个人得了病本来会在半年内死去,而另一个人采取人为的方式刺激或迫使病情恶化而加速死亡,这就犯了杀人罪。杀人者有预谋并不一定要有愤怒、憎恶、报复等邪恶的动机,只要有使他人丧生的明白的单纯的意图就够了。美国有个名叫芭芭拉的病人因患糖尿病和高位截瘫,长期以来受着痛苦的折磨,医生说她活不了几个月,她多次恳求丈夫把自己弄死。她丈夫答应了这个要求,让她触电而死。虽然他一直坚持认为自己做得正确,他的行动是爱的表现,但他还是被指控犯了杀人罪而被判刑。

在荷兰实行安乐死已经非常普遍,社会舆论对安乐死都持比较宽容的态度。但荷兰法律规定,对给病人实行主动安乐死的人要判12年徒刑。在西方国家中,瑞士实行安乐死最为自由。瑞士法律规定对一个受尽痛苦、濒临死亡的病人实行安乐死是合法的。一个医生出自怜悯给这种病人提供过量药物不受法律惩罚,其理由是,如果动物对安乐死具有法律和道德权利,人类也应该有。

根据病人是否要求安乐死,我们可以把安乐死分为自愿安乐死(voluntary euthanasia)、非自愿安乐死(nonvoluntary euthanasia)和不自愿安乐死(involuntary euthanasia)。自愿安乐死是指在病人要求或曾经希望安乐死或对安乐死表示同意后,由病人或他人实行的安乐死。如本文一开始列举的例1。非自愿安乐死是指病人在无法作出判断,也无法表达自己的愿望时由他人采取人为的手段或中止医疗措施而实行安乐死。非自愿安乐死的对象通常是痴呆、先天严重畸形或患有致命的遗传性疾病的婴儿、不可逆昏迷病人或植物人等。如本文开始例举的例3。不自愿安乐是指病人并不想死,但医生又无法维持其生命,只好停止采取一切医疗措施而任其死亡,如例2。

关于自愿安乐死,人们一直争论不休。反对者认为:生命是最可贵的,死人不能复生。只要人还有一口气就应当让他继续活下去,因为活着是每个人的基本权利。活着意味着还有某种希望,死亡意味着人的一切可能性的丧失。其二,在此时此地被宣布患了绝症的病人也许在彼时彼地可以被治好,比如有些晚期癌症病人有被某些气功师治愈的可能性。其三,医生的诊断可能出现错误。如果对一个被误诊为患了绝症的病人实行安乐死,那将会造成无法弥补的损失。事实上,由于医生的水平和医疗技术的限制,医学界不乏误诊的事例。有个叫艾伯特的病人昏迷半年之久,医生认为他大脑已经死亡,拆除了人工呼吸装置。奇怪的是,撤走人工呼吸装置后,艾伯特竟然恢复了自主呼吸并且苏醒过来。其四,病人是否真正自愿安乐死是难以确定的。因为病人自愿安乐死很大程度上取决于病人已经知道自己无法被医治,并且常常是在痛苦不堪的情况下作出安乐死的决定的。假如痛苦减轻,病人神智恢复正常,这个病人很可能又不愿安乐死。如果医生对一个痛苦不堪但可以救治的病人说:"你患绝症已经到了晚期",这个病人很可能自愿安乐死。我以为,对一个患了"绝症"的病人来说,治"心"甚至比治"身"更为重要。在这种情况下只有身心并治方能达到理想的效果。有时候由于精神的作用,绝症可能不再成为绝症。其五,同意自愿安乐死有可能导致强迫安乐死,导致对生命的不尊重。在这方面,沙利文主张的观点最有代表性。在他看来,如果将自愿安乐死合法化,就有充分的理由相信,在以后另一种强迫安乐死的议案会得到合法化。一旦把人的生命视如草芥以致在经病人同意后直接杀死无辜的人,那么强迫安乐死必然会为期不远。这就容易导致杀死所有无可救治的病人、享受公共保健的老人、受伤的士兵、一切畸形儿、精神病人等等。[1] 最后,实行自愿安乐死(包括其他形式的安乐死)会阻碍医学技术的发展。自愿安乐死的前提是病人患有不治之症,但不治之症只是相对的,现在的不治之症在将来有可能变成有治之症,要做到这一点,医生就必须对现有的不治之症进行大量的研究工作。如果我们不是想方设法对患有不治之症的病人进行救治,而是让他们自愿安乐死,那么,我们就有理由放弃对这些不治之症的探究,而征服这些不治之症正是医学发展的重要源泉。

关于非自愿安乐死,几乎各国法律都予以禁止。许多宗教界人士也表示强烈反对。教皇皮乌斯十二世在谴责非自愿安乐死时指出:"我们极其悲痛地看到那些身体畸形、精神失常、患有遗传性疾病的人不时被剥夺了生命的权利,似乎他们不过是社会中无用的负担,……这种行为被某些人歌颂为人类进步的新发现。……它不仅违犯每个人内心所感受到的自然与神的法律,而且还与文明人的种种情感相抵触。"[2]成立于1938年的美国安乐死协会曾试图使畸形和低能儿的非自愿安乐死合法化,结果也受到了医生们的猛烈抨击。后来非自愿安乐死的投票运动遭到限制。当然,法典上的规定与司法实践颇有距离。长期以来英国司法机关对执行非自愿安乐死的人采取宽容态度。尽管从理论上讲这些人都犯了杀人罪,但司法机关往往给予缓刑。1934年,英国布朗希尔夫人在经过一次大手术后,由于担心自己的一个低能儿将来受苦,用煤气把他毒死了。她起初被判死刑,两天后缓刑,三个月后被赦免。在美国,一个名叫里波尔西莱的人用三氯甲烷毒死了13岁的儿子。因为他儿子是

[1] Marvin Kohl, *Beneficent Euthanasia*, New York : Prometheus Books, 1975, p. 24.
[2] Joseph Sorrentino, *The Moral Revolution*, Rockville, M. D.: Woodbine House, p. 137.

个痴呆,不仅双目失明,而且又聋又哑,四肢畸形。他被指控犯有一级谋杀罪,陪审团复判为二级杀人罪并建议宽大处理。结果法官判处他5—10年有期徒刑,并给予缓刑。

对于不自愿安乐死,医生们常常感到十分棘手。因为在这种情况下,病人必死无疑,采取一切医疗手段都是枉然。但病人宁可受苦而不愿意死亡,病人家属也不惜代价为病人治病。如果医生中断治疗让病人自然死亡是否道德呢?在中国曾有这样的例子:

江西宜春有个晚期肝癌病人,经上海各大医院治疗无效后回市人民医院继续治疗。此时病人全身疼痛,奄奄一息。主任医师认为,这个病人没有治疗价值,继续维持更是一种浪费。于是拔出了正在打点滴的针头,病人当晚死亡。事后,病人家属上告市卫生局和人民法院,要求按医疗事故处理。市卫生局经过调查发现,该主任医生阅读过报纸杂志上关于安乐死的文章,认为为节约国家药品资源起见,应对病人实行"安乐死"。医生不属有意害人,未构成医疗事故。不过,市卫生局认为医生有五点错处:(1)不应在病人及其家属未提出安乐死要求的情况下考虑安乐死问题,更不应拔出点滴针头;(2)以教条主义态度对待学术界关于"安乐死"讨论;(3)不应说任何伤害病人及其家属的话;(4)拔针之后无任何安乐死措施,病人仍然是在缓慢的痛苦中死去的;(5)在我国,"安乐死"问题尚未定论,尚无法规,不应盲目采用。结果该主任医生被责成做书面检查并遭到记过处分。[①]

以上事实足以说明我国实行安乐死所面临的重重困难。在安乐死还不能为人们广泛理解的情况下,我们应当充分尊重病人和家属的意愿。从理智上讲,上述医生的做法是合乎情理的。因为它缩短了病人的死亡过程,因而也缩短了病人的痛苦时间;另外,这位医生考虑到药品资源的合理分配,他不愿用有限的药品去徒劳无功地治疗一个必死无疑的病人,这样做对社会的发展是有益的、积极的。但从情感上讲,许多人(在中国甚至是绝大多数人)一时难以接受。为此,我们应

---

① 洪爱兰、彭庆星:《安乐死与否:尊重绝症重危者的意愿》,载《医学与哲学》,1981,1。

尊重个人的选择,尊重个人的权利。现在在病人无行为能力或不能表达自己愿望时,既然家属代替病人做出是否安乐死的决断在道德上可以接受,那么医生理应尊重病人家属的意愿。如果一个不可救药的病人愿意在极度的痛苦中多活几天,那纯粹是他个人的事情,别人无权干涉。在一个无法救治的病人不想活下去,并且要求我们为他的死亡提供条件时,我们有权劝他不要轻生,但无权阻止他死亡。从某种程度上讲,阻止一个痛苦而又无法救治的病人死亡不仅不人道,而且侵犯了病人对自己生命的支配权利。至于那些不可逆昏迷的病人,我们可以让他在昏迷之前留下预嘱。现在,美国和其他西方国家的一些医学协会鼓励病人留下这样的预嘱。这些协会并不赞同安乐死,但同意让病人自行死亡。因此,1973 年美国康涅狄格州医学会发布了由病人签名的"背景声明"(background statement),其中包括这样的文字:"我尊重生命和生命的尊严,因此我并不要直接结束我的生命,但不要不合理地延长的我的生命或摧毁生命的尊严"。其他州的医学团体也步其后尘。1976 年加利福尼亚州实施法律,承认医生具有让签署这类声明的病人自行死亡的权利。这一点意味着,留下安乐死预嘱并执行这类预嘱的病人已向掌握死亡权利方面迈出了关键性的一步。

但是,问题并不那么简单。一方面,许多人至今仍喜欢用过去的医德观念去规范医生的工作。按照这种观念,医生应对他的病人保持绝对的忠诚,救死治病乃是医生的天职。不管病人能否治愈,医生都要不惜一切人力、物力和财力来全力施为,甚至应当把"死马当作活马医"。在这种观念的支持下,医生不能随意中止对病人的治疗,也不能采取任何人为的手段加速病人的死亡。另一方面,病人家属常常从尽义务、重孝道出发,不惜负债累累,四处奔波为亲人求医治病。哪怕病人患了不治之症,并且痛苦得不想再活下去,家属也要坚持拖一天是一天。在这种情况下,治疗仅仅具有象征意义,它仅仅是对家属的一种安慰。这样做当然给安乐死的实施带来了极大的困难,同时也造成了社会资源的巨大浪费。如果超出医学的范围而着眼于病人与整个社会的关系,我们就不难发现,安乐死问题不仅是一个与死亡观念直接相关的医学问题,而且是一个非常复杂的社会问题,安乐死能否得到顺利的实施,不仅有赖于人类生死观念的变革,而且有赖于其他社会观念的更新。

二、安乐死的哲学阐释与道德评价

悉尼·胡克(Sidney Hook)说过,唯一可以接受的哲学是,只有值得过的生活才是幸福的生活。我想把这句话颠倒过来:只有幸福的生活才是值得过的。如果这一点可以接受,我们就完全有理由相信,并不是无条件地生存下去而是幸福地生活下去才合乎理性的绝对要求。基于此,我且写下永恒的铭言:人类应当把追求生活的幸福而不是把单纯追求长寿作为自身活动的最高目标。

诚如科学的发展反复证明的那样,我们对一切事物的认识几乎都是由注重数量慢慢转向注重质量。对长生不老的追求表明,人类对生命的认识还停留在纯粹的数量关系上,停留在纯粹的时间性中,我们最关心的是如何延年益寿,而相对忽视了生命的质量。尽管像"福如东海长流水,寿比南山不老松"这样的愿望在一定程度上体现了人们对生命质量和数量的统一性的认识,但是,人们为寻求长生所做的各种努力,不管是求神拜佛还是炼丹占卜,都把生命的改善和提高放在十分次要的地位。在祈求长生不死遭到千百次的失败之后,人类才如梦初醒,开始回过头来注重提高自己生命的质量。优生学和生命价值论的产生,为人类提高生命质量开辟了有效途径,它向我们提出了如下问题:既然生命是一切价值的必要条件,那么生命本身是否可以用价值来衡量呢?如果可以用价值来衡量,一切生物的生命可以用同样的价值尺度来衡量吗?如果只有少数生命可以用价值尺度来衡量,那么,限制生命价值的根据何在呢?

安乐死的实施与对这些问题的回答息息相关。在目前情况下,安乐死的对象尚限于患了不治之症而痛苦得不想活下去的晚期病人,脑死亡(包括无脑儿)和不可逆昏迷病人。根据生命价值论的观点,这种人要么已经失去生命的内在价值和外在价值,要么内在价值和外在价值都很小,要么只有负价值。一般说来,生命的内在价值是由生命的质量决定的。或者说,生命之所以可以用价值尺度来衡量是因为生命体之间存在质量的差别。而生命质量通常是指生命体的体质和智力水平。由于生命价值是由生命质量以及生命个体对其群体的意义决定的,我们探讨安乐死的合理性就应从这两方面出发。

就生命的内在价值而言,那些无脑儿、脑死亡病人和不可逆昏迷病人既然丧失了意识,他们的生命与其说是人的生命,还不如说是地地道道的低等动物或植物,甚至其价值还不如动物和植物,因为他们的生命失去了自主性并且没有恢复这种自主性的可能,既然他们是无目的地、无意义地活着,其生命的根本质量实际上已不复存在。他们完全失去了行为能力,而要靠他人采取人为手段维持机体的存在,其生命的操作质量也完全丧失了。因此,他们作为人实际上已经死亡,至于那些患了不治之症的晚期病人,当他们不想继续活下去时,我们就应当充分尊重他们的个人愿望,对他们实施安乐死。这是因为:

第一,他们的生命质量已十分低下。让其生存下去不但不能使他们快乐,反而延长了他们的痛苦。对这种人来说,死的确比活好。如果我们硬要他们活下去,那简直是对同类丧失人性的残酷折磨。

第二,既然我们要尊重人类生存的权利,那么,我们就应当合乎逻辑地尊重人类死亡的权利,因为死是生存过程的一部分,或者说,人的生存过程本身就是走向死亡的过程。一个人学会了怎样去死也就意味着领会了怎样去生。人生的意义和价值才得到最终的规定。因此,死亡的权利实质上包含在生存的权利之中。

第三,追求幸福。自由和尊严是人生目的和人生意义的重要组成部分。它们在很大程度上规定着人生的内在价值。一个无可挽回地失去意识的病人没有任何幸福、自由和尊严可言,对他们实施安乐死是完全合理的,在道德上,也是可以接受的。虽然在目前的社会条件下,人们对待死亡的态度还是非理性的,甚至是心理变态的,但是,我们有理由相信,随着文明的进步,人类的自由意识会越来越强。自然地,人类不仅要求过一种高质量的自由的生活,而且要求真正掌握自己的命运。换言之,人类不仅要求生得自由而且要求死得自由。因此,只有做到这一点,人的尊严才能真正体现出来。当一个宽容的社会以真正理智的眼光去看待人类的生命时,如何选择最佳的死亡方式也就成了不可回避的问题。在一个社会里,生活的自由即意味着生存方式的多样化,死的自由则表现在死的自主性上。唯其如此,一个独立自主的人格可以并且应当追求生的自律和死的自在。假如一个犯人被判处死刑,我们让他在凌迟和服毒自杀这两种死亡方式中进行选择,他肯定毫不犹豫地选择后者。因为趋乐避苦乃是人的天性,在不得不死时谁都希望尽可能尊严地无痛苦地死去。所以,对一时极度痛苦而又无望救治的病人实行安乐死既符合病人自身的利益,也符合人类本性的要求。有人担心,实行安乐死会导致对生命神圣性的不尊重,其实,这种担心是多余的,因为生命的神圣性在于生命的质量与价值。人之所以是万物之灵,是因为人具有其他东西无法比拟的意识,一旦人的意识不可避免地丧失了,人作为人的生命价值也就消失了,从这种意义上说,他的生已毫无神圣性可言。

就生命的外在价值来说,上面提到的那些应当实施安乐死的病人不仅对社会失去了意义,而且给社会带来了沉重的负担。由于医学技术的发展,今天我们可以用呼吸机、心肺机和插管喂食等人工手段使一个人无限期地活下去,即使这个人成了地地道道的植物人,照这样下去,可以预测,几十年后,所有医院会为那些纯粹生物学意义上的生命所占据。用人工手段去维持这些毫无意义的生命将使社会不堪负担。在医疗资源十分有限的情况下,如果我们把大量的人力物力和财力用于维持那些毫无社会价值的生命,我们必然使一部分本来可以治愈的病人失去治疗机会,从而给个人与社会造成无法弥补的损失。有鉴于此,一个合理的社会应当把有限的医药资源尽可能合理地用到具有应用价值的地方,而避免做毫无意义的事情。从家庭的角度看,对那些无法救治的病人实行安乐死是有利的。尽管家庭成员有责任为病人治疗,但是为了一个毫无意义的生命去耗尽有意义的生命是极不合理的做法。因为这些病人不仅造成了家庭成员的紧张情绪,而且常常给他们带来沉重的经济负担和压力。对那些痛苦不堪的而又无法救治的病人实行安乐死不仅是仁慈的表现,而且可以使家庭成员摆脱沉重的感情负担和经济压力。至于那些享受公费医疗的病人的家属,如果他们为了从病人身上捞到一些好处而执意延长病人的痛苦,那就应当受到道德的谴责。

第七章　死与哲理

　　弗罗洛夫曾经指出，"任何一种哲学体系，如果它不能诚实地客观地回答与死相关的问题，它就算不上一个完整的体系。"[①]现在也许不是一个建构完整体系的时代，这个时代里，我们也不否认一个哲学家有研究死亡之外的哲学问题的合法性，更无意把一切哲学问题归结为死亡问题。但我们都清楚地意识到，只要一个哲学家对人生保持着起码的真诚，他就应当直视死亡的事实，并能为这一事实倾注形而上的热情。

　　古往今来，献身于思想的人们几乎都认识到一个基本的真理：人生的图画是由死亡圈定的，因为死亡意识是自我意识的最强确证。在充满死人的哲学的战场上，我们所看到的不仅仅是为实现自我意识而在思想的争战中牺牲了的理想，而且是从血淋淋的现实中悟出人生真谛的各色各样的死亡哲学家。对死的沉思激发了不少哲学家的灵感并使他们的哲学更加切近现实与人生。在"死亡"这个触及生命本根的问题上，哲学家们甚至找到了审视世界的新的角度以及与各种"主义"相联系的新的立场和方法。

　　死紧随着我们，驱迫着我们，同时也给我们带来了光荣与梦想。

一、哲学是死去活来的思

　　死亡是哲学的主题，并且永远是哲学的主题。哲学史上几乎所有

---

① 转引自科恩：《自我论》，佟景韩等译，生活·读书·新知三联书店，1986 年，第 100 页。——编者注

的大哲学家都不同程度地触及死亡这个人生的根本问题,甚至有不少人不断从死亡中汲取思想的灵感,以致他们把死亡本身也看成了死亡的练习。雅斯贝尔斯曾深有感触地说:"危难极境,边缘状态就是我研究哲学的源泉。"①

哲学是死去活来的思,是如痴如醉的思,是得意忘形的思。只有勘破死,彻悟死,世界和人世才是可以理解的;只有在思想中突破死的限制,哲学才可能成为自由自在的思想。在追寻死亡本质和意义的过程中,哲学构造了又一个超现实、超生死的理想世界。由于执着于这个世界,哲学正像尼采所说的那样,把自身变成快乐的科学,变成永恒思想的艺术。思想本身也是需要思想的,思想是人存在的唯一标志。有人说,"我"是意识中的死角,正如我们的眼睛可以看到一切,唯独看不到自己一样。但哲学向人表明,我并不会成为死角,对死的思索能使我活跃起来。因为思之在离不开在之思,思的消失意味着人的死亡。哲学把死之思视为生命存在的特殊方式,并且证明只有在思想中,死亡才是可以超越的,因为唯有思想能建立起彼岸世界,并帮助人实现由此岸向彼岸的跃迁。

作为人,哲学家本身也难逃一死。由于哲学家对人性问题表现出天生的敏感,他比其他人更容易受死亡的触动,在面对死亡时比其他人更容易超然发悟,趋于大通。在多姿多彩的哲学舞台上,许多哲学一开始是在死亡的煎迫下沉入哲学思索的,他们满怀忧心地猜着死亡的大秘。为了摆脱死亡的纷扰特别是对死后虚无的恐惧,他们试图通过哲学的玄想去寻求生命的自救。有不少哲学家甚至被死亡逼上了思想的绝路。在那里,他们陷入了迷乱与疯狂,同时也悟出了残酷的令人摧心的真理:"从生活到死亡,从存在到乌有,只在刹那间掠过,就应该好好地选择。"(《哈姆雷特》)

基尔凯郭尔、叔本华、尼采、维特根斯坦等人都属于从自己的人生经历悟出这类真理的哲学家。他们摇摇晃晃地行走在人生的独木桥上,无

---

① 参见 K. 雅斯贝尔斯:《我通向哲学之路》,梦海译,载《世界哲学》2009 年第 4 期。——编者注

时无刻不感到自己有下坠深渊的危险。亲人接二连三的死亡和自己生命的岌岌可危的预感不仅使他们深深体会到灵魂的孤寂和揪心的痛楚，而且使他们对世界和人生产生了无穷的疑问与困惑。"我是谁？死亡又是什么？生命有何意义？"对这些问题作出令自己信服的回答乃是哲人们终生为之心焦的目标。不管个人经历多么不同，不管命运多么凄惨、灾难多么深重，他们都得面对相同的结局——生命的毁灭。

对哲人们来说，既然在死亡面前人人平等，那么，人要充满个性地生存，就必须在生存的终了展示自己独特的风采。正因如此，哲学家们理所当然地提出了形形色色的死亡观。有人把死亡视为痛苦的经验和灵魂的解脱，有人把死亡视为狂乱之后的宁静的睡眠，有人把死亡视为人生的大难，也有人把死亡视为生命的流迁，还有人把死亡视为生命最不可能的可能性。

然而，在这些形形色色的死亡观的背后却隐藏着人性的重大秘密，并力图为自己苦苦寻求一个可以忍受死亡的理由。处于生死边缘的人是很容易相信这些理由的。死是生命的终极，人们当然需要找到一个安于这一事实的终极的理由。随着求长生者的努力遭到一个又一个的失败，连固执得不肯承认死亡之门向所有人打开的圣人，最终也只得悲叹生死修短，不能强求。死亡的离开无法躲避，每个人在到达关口之前除了进行各种心理准备和训练还应当做些什么呢？

事实上，苏格拉底、蒙田等哲学家正是在为死亡做准备的意义上来谈论死亡的。在他们眼里，学习哲学就是学习死亡，因为他们把死亡视为灵魂脱离肉体滞碍的过程，而哲学的一个重要功用就是使灵魂逐步超升，飞离尘世并使世界成为普遍的精神化的世界。再者，哲学为世界操心本质上是为人操心，对人的形而上学的关切最终表现在思的担忧上。人有死，动物无死；动物只有现在，人心却指向将来；动物很少为同伴的死亡而难受，人却要为同伴的死而悲哀。灵心发露，死神现身，重重烦忧爬上心头，人怎能心静神宁？为了沉静的心灵，对死产生形而上的冲动反而成了思想的绝对需要。

哲学如何才能满足这种需要呢？

　　首先,哲学不仅要净化人,而且要开化人。许多人之所以如痴如醉地沉浸在哲学思索的领域,正是因为哲学能帮助人打开心灵的窗口,给人以深沉的智慧。这一点表现在哲学本身是具有解谜去蔽的功能上。人本身是一个谜,生与死则是谜中之谜。如不能对死亡之谜作出解答,人生的谜底起码是不完全的。在历史上,几乎所有哲学家对死亡问题都有所论说。这并非偶然的现象,因为哲学概念讲到底是人对世界对自身的经验的凝聚。对生命过程的觉知在很大程度上是由死亡经验决定的。就像死亡给人生划定了范围和限度一样,对死亡的认识蕴含了对生命本质的理解。从这种意义上讲,通过死的彻悟将展现人生的最高慧见。

　　在日常意识中,死犹如迷雾遮蔽着人心,对死亡本身的无知以及这种无知带来的恐惧导致了人类历史上出现的无数愚蠢之举。哲学要求你抛弃外在的尺度,运用你自觉的判断,以思想的阳光对死亡加以洞明和照亮。虽说死亡的实在性并不因为哲学的出现而有丝毫的改变,但哲学能给你带来直视死亡的勇气,因为在哲学中死本身是不死的,诚如西塞罗所言,"哲学是关于神性与人性事物以及包含这些事物的原因的知识",有了这些知识,你就可以了解自己的由来和归向,从而打消因对人的格局的茫然无知而产生的忧虑与绝望。人人都"向死而生",但这个总的过程却充满了偶然与奇迹,人从中找到了赖以生存的力量。因而可以满怀希望地展示自己丰富的可能性,指点和开辟这种可能性正是哲学赋予我们的使命。

　　在哲学家眼里,一切都是通明透亮的。对他们来说,生命不过是闪现在蓝天中的光点,它的出现浓缩了宇宙的秘密,同时也用自身的光明显示出宇宙的幽深。不过,用勘破死的眼光去看宇宙,宇宙的秘密也无所谓秘密,这不但是因为宇宙本身即在无数的死亡中存在,而且是因为,生命的生生不息不过是宇宙运行的特殊方式。宇宙不能缩小,自我却可以放大。收其情而放其心实是哲人思考的本性。

　　所以,东方哲人为了消解死亡,总是强调自我与宇宙的圆融合一。在他们的心目中,人的生死寿夭与宇宙的运作和四时的变化息息相关。僧肇曰："玄道在于妙悟,妙悟在于即真;即真即有齐观,齐观即彼己莫二。所以,天地与我同根,万物与我一体。"①此论表明,心与天通的事实乃是人的内心体认和生死相齐的形而上的基础。

然而,从根本上说,哲人究天人之际,通古今之变之所以可能,并非他们永远保持着寿与天齐的梦想,而是由于他们克服了死亡的障碍,于万变中找到了不变。心驰意走,终有所归;人生无常,必有所定。对死亡的认识帮助哲人在静观自然、透视历史、洞察人生的过程中直抵现象世界的本质。赫拉克利特说:"一切皆流,无物常驻。"人以死亡印证了这一宇宙的普遍规律。就此而言,人与天地万物无二,但人能发现寂天本身的不灭。哲人感兴趣的就是这种不灭的东西,他以不变之心去应万变之事,所以认识到"不死的有死,有死的不死"。

死消除了人与物的差别,因而也清除了人与世界的差别。唯其如此,哲人在对死的觉悟中找到了理解天人一体的钥匙。窥破了人生也就窥破了世界;窥破了死亡也就窥破了人生。不管人类向何处发展,他都得遵循生生死死的原则。正是在这一点上,人与世界获得了最终的统一。哲学家能"乘千化而不变,履万感而常通",最根本的原因就在这里。

在通常情况下,死是思考的屏障,不能越过这一屏障就意味着思想的结束。常人在隐讳死、回避死时放弃与死相关的思想,因而也放弃了到思想的危险地带探求真理的机会。人们为自己的生存而操心劳神,而从不愿把自己放在死亡的背景上加以掂量。即便在死到临头时他要迫不得已地想到死,他也只是让死的情形在头脑中电闪而过。他心中关心的是他的儿孙、他的财产、他生前的功德和死后的荣耀。

哲学不愿让思想成为死亡的奴隶,它要突破死亡对思想的限制,并通过对死本身的探讨来证明,哪里有死亡,哪里就有思想。哲学不回避任何东西,它尊尚思想的无拘无束。因此,它不会为死所限而执迷不悟,也不会惑于人伦物理,而能在打破有限、趋向无限时守护真心。

哲学的魅力,一方面来自它对人心的深沉慰藉,另一方面来自它

---

① 　僧肇:《涅槃无名论》。

对人的反省意识的培养,即便是专注外界的自然哲学也能使人在放眼天空时形成包容宇宙的博大胸怀。康德把"繁星灿烂的天空和心中永恒的道德律"纳入了自己的体系,这给我们带来了与宇宙冥合的灵感。但在反省意识的形成过程中,对死亡的理解是不可缺少的环节。当人心向外指而不加内求时人往往迷失在外在的事务里,而死亡意识则使人收摄心神,回返自身,从而确知自己存在的处境。由于死总是人的死,人对死的自觉即是人对自身终极性的关怀。在死的冲震下,人比任何时候都更真切地体会到内心世界的实在和广阔,而对这个世界的发掘和开拓不仅是自我力量的显示,而且是丰富精神和完善自我的必要条件。在我们这个注重开发外在世界的时代里,人心之所以浮躁,灵魂之所以败坏,精神之所以贫乏,主要是因为人遗忘了内心世界,或丧失了冥想能力。如果人心不能内照,它就不可能展示自己深刻的内涵;如果人心只是一味到外在世界中去寻求满足而不对自己加以认真的培养,它就不可能拥有源源不断的内力。精神的单一乃是心源干涸的直接后果。只知开心而不知收心已把我们的时代引入了思想的荒漠。在这样的时刻,也许唯有死亡意识尚能提醒我们走出沉沦,除此之外,我们到哪里去寻找扭转上述思想定势的契机呢?

哲学的沉思使哲人们获得了平静地面对死亡的力量,这是为哲学史反复证明了的事实。虽然哲人之心并不总是平静无波,相反它常常涌动着激励人心的思潮。但是,那沉甸甸的哲学语言和那富有力度的形而上的内容会把人带离喧嚣的现象世界。正如巴门尼德和柏拉图早就指出的那样,哲学的着眼点是那寂然不动的存在。只要人谨守这种存在,恭听它的召唤,他就能去幻存真,排除包括死亡在内的各种外在的纷扰。真正富有人情味的哲学家会像苏格拉底那样用自己的行动去阐发自己的思想,死神愈是逼近人心愈是镇定。当他专注单一的思想时,他就可以从紧张的情绪中解放出来。这里虽然没有飘逸中的极乐,却有恬淡中的空灵。形而上的沉思是精神内聚的重要手段,心猿意马则是心力消散的征兆。谁居心于本体,并能修心不辍,谁就能掌握了对付死亡的有效武器。更何况,哲学本身的绵延不绝已经向我们表明,人死了,他的思想永远活着。

令人惊异的是,人类对待死亡的历史态度与个人的死亡观念的发展有着许多相似之处,人类死亡意识的嬗变是死亡个体化过程的强有力的证明。在原始人的观念中,他人之死与自我之死之间并没有不可逾越的鸿沟,生与死是互渗的并且具有多重性。死亡乃是自我的分解以及自我与他人的重新融合。对原始人来说,人死后,灵魂可以通过替身存在于部落里,他人身上也可能有自己祖先的灵魂。在环环相扣的生命链条中,自我不仅承继着祖先的精神,而且担当着同族人的命运。在此,我既是我,又是他人。我的活动是自我和他人(如祖先和同族人)的共同活动。这样,任何个体的死亡都没有独立的自在的意义。因为每一个体的死不单单是他自己的事情,而是整个部落的事情。个人以自己的死参与了整体生命的流转,整体关系的重组则以个人的死亡为前提。赎生、假死和殉葬之所以长期存在,其深刻的根源正是在这里。

但是,自我意识的形成和发展彻底改变了自我与他人的关系,因而也改变了自我之死与他人之死的关系。对自我价值的确认把人从他所生活的群体中分离出来,经过这种分离,人类经受了肉体与灵魂的碎裂。人的存在的凸现打破了人与世界的原有格局,同时也让人备感死亡之轮的沉重。对生命的自由独立的要求固然促使人产生了鹤立鸡群的愿望,但正是这种愿望加深了人对死亡的恐惧。在愈变愈浓的阴暗气氛中,个人总是千方百计把自己沉没到与他人的共在中去,在这种观念的指导下,人不断遁入自然,遁入群体,遁入内心,以此实现对死的遗忘。实际上,他人与我一样也是必死的个体,我在一生中不可避免地听到他人死亡的消息或亲眼目睹他人的消逝。面对他人,特别是自己的亲人的不在,活着的人除了走出内心、承认事实还能做些什么?

死是最高的现实。只有在这种现实中打上自我的印记,他方能辨认出行将隐没的自我。死亡的事实是自我存在或不存在的尺度,自我所完成的一切通过死而变得更加鲜明。在通常情况下,人引入了在茫无涯际的世界,引入了人为之献身的社会共同体。死亡把自我从共同体中挑选出来,他人借此最终意识到我的个别性,并把"我"也作为他人来看待。"我"以"我"的逝世触动了他人,向他人显示着我的存在。为了表示"我"到过这个世界,不少青年在找不到出路的情况下走上了自杀的道路。这些人孤注一掷去进行自杀死亡的历险,绝不只是为了检验自己的意志和勇气,而完全是为了唤起他人对自我存在的关切。不了解这一点,我们就不能消除自杀现象的终极根源。

当然,通过自我的死亡来确证自身的存在是十分消极的做法。个人可以采取富有创造性的活动来显示自己,自我与他人所发生的各种关系本身也为人的自我实现提供了多种多样的可能性。自我的意义既是由自我与他人的关系确定的,他人对自我之死的处理就必然在一定程度上反映自我的个性特征。

据科恩的研究,原始人并没有一般"人"的概念,在他们那里,人与非人、死人与活人的区别非常模糊。到古希腊,自我的独立性开始得到肯定,死亡第一次成了纯粹个人的事情。丧葬方式的多样化不但反映了个人死亡形式的多样化,而且反映了个人存在的多样化。正因如此,自我之死的问题才真正成为问题。

在古罗马,每一座坟墓都有碑铭,题着死者的名字、家族身份,有时还有职业、年龄和死亡日期;有些碑铭还有死者的肖像,一般都是胸像或圆浮雕像,陵墓不仅是祭奠对象,而且也是把对死者的纪念传给后代的手段。中世纪早期废弃了这个传统。约自五世纪起,墓志铭和肖像逐渐消失,坟墓成了无名墓:只要把遗体安葬在一个神圣场所和行礼如仪就够了。到了十世纪末,特别是十一至十二世纪,情况又开始转变。在要人的坟墓上先是增加了简短的铭文、题死者的名字和死亡日期,后又增加了安魂祈祷。在十三到十四世纪,墓志铭的内容扩大到列举死者的封号和功绩,墓碑上出现了以各种方式反映死者生平的装饰图样。[1]

事实表明,丧葬方式、墓志铭的雕像的个体化,是与个人的个体化倾向同步发展的,前者是后者的体现,后者因前者而得到巩固和加强。

---

[1] 科恩:《自我论》,佟景韩等译,生活·读书·新知三联书店,1986年,第142页。

从无名墓向有名墓的过渡，从合葬墓到独葬墓的过渡，是与个体独立性的发展相适应的。这一点不仅改变了自我对他人死亡的态度，而且改变了自我对人生的看法。在禁欲主义的时代，人的个性往往被抹平，一个人的死亡一般不会引起他人的多大震动，濒死者也不对自我的死亡深感遗憾、悲哀，相反，他们常常对死后世界充满幻想。在人欲横流的时代，人们只重今生而不信来世，个人对死亡往往感到惶惑与恐惧，死亡的不可抗拒的威胁使人对现实的痛苦、灾难与不幸特别敏感，他人的死亡对自我情绪的影响也特别强烈，人愈是沉迷享乐，愈是觉得生命短暂，愈是充满青春的哀愁。

社会发展到今天，人的个体意识与日俱增，自我的独立要求随之把个人死亡的权利转变成个人生存权利的一部分（自杀和自愿安乐死的增多是其体现）。但另一方面，一个人即便有看到另一个人死亡，也很少把自我的死亡当作现实的事情来考虑。对自我之死的这种不自觉态度越来越使人不愿了解死亡的真相，而是千方百计地把自我的死亡遮蔽起来。

三、死与家园之感

罗素说过："追求一种永恒的东西乃是引人研究哲学的最根深蒂固的本能之一，它无疑地是出自热爱假想与躲避危险的愿望；因而我们便发现生命面临着灾难的人，这种追求也就来得最强烈。"[①]从表面上看，热爱家乡与研究哲学几乎毫无关系，实质上它们之间有着内在的关联。当我们对死亡进行哲学的思考时，我们就在某种程度上体会到了这种关联。难怪诺瓦利斯反复强调哲学本身就是一种乡愁。

只有游子才真正懂得什么是乡愁，就像只有经历过灾难，特别是死亡灾难的人才真正懂得生命的珍贵一样。但是，当我们的情感和意绪实现了从死向生的反跳，我们是否也有归家的感受呢？有人说死亡

---

① 　罗素：《西方哲学史》（上），何兆武、李约瑟译，商务印书馆，1982 年，第 74 页。——编者注

最能激起人对家园的渴望,那么,死亡在何种程度上促使人产生这种渴望呢?

家原本意味着安全,意味着亲切和温馨、自在和闲适,当然也意味着操劳与责任。可是,偏偏有人在家中意识不到家的存在,即便意识到这种存在,他也不过是把家作为栖居之所而已。真正的家不应当只是居所,而应当成为精神的据点和基底。流浪的心唯有在永恒的精神王国中才能找到自己熟悉的领域并在这个领域里生根下来。因此,我们要了却还乡的宿愿,就必须把自己投身到超绝的无限存在中去。

有趣的是,人们总是把死亡与回家联系在一起。中国人对死有各种各样的称呼,其中就有"回老家"、"归阴"、"归天"、"归西"、"名归黄泉"等等说法,回归的观念不时困扰着我们,使我们着魔般地寻找生命的起源和根据。古人说,知生乃能全受,知死方能全归。无非是把死视为人生的最终归宿。《淮南子》云:"生寄也,死归也。"《列子·天瑞》说:"贵,归也。归其真宅。"又说:"死为归人,则生人为行人,行而不知归,失家者也。"

时至今天,人们仍喜欢把人生喻为旅途,把死亡喻为还乡。在此,我们要追问的是,人为什么要把死亡与还乡联系起来呢?细究起来,其中必定有深刻的心理根源。在现代意愿和大型护理机构(如临终病人收容所)出现之前,人大多死在家中,家既是人的安身立命之所,亦是人的感情依托之处。对家的眷恋不但把人心连在一起,而且常常成为人的活动的原动力。这样,一个人在家中死去就可以死得安然,因为家既使濒死者得到生活上的照顾,同时还使他得到心理上的安慰。诚如黑格尔所言,死真正使人回到家庭,因为只有家庭才真正承担起埋葬死者的责任。出了事故,人们首先想到的是告诉死难者的家属;一个犯人被枪决,他的家人得给他收尸。中国人常称结婚为成家,并把"国"与"家"结合在一起,合称"国家";另外,人们常说一个英雄人物"死得其所",说他"视死如归"等等,凡此种种,已经表明家在人们心目中的地位以及生命与家之间的本质联系。

当然,中国人称死为"归家"也是出于对家的特殊感情。在我们这个讲究"事死如事生"的国度里，死对家庭的震动特别强烈。"守孝三年易满，思亲百世难忘"这副人们常用的对联就集中体现了个人的死对其家庭的深刻影响。人们把家视为自己生命的一部分，以至把爱和死这种本属于自己的事情也看作家庭的事情。很多人似乎是为了家而去爱，为了家而努力活下去，甚至在相当长的时期里，在外死去的人总被看作野鬼，其灵位和棺材不得放在厅堂之上。家庭成员们也往往把不能在家里为亲人送终视为平生最大的憾事。中国素有"树高千丈，叶落归根"之说，它既表达了中国人素朴的家庭意识，也表达了原始的生死轮回观念。落木萧萧，残叶飘零，当死去的东西化作泥土与大地融为一体并成为新生命的要素时，死者便完成了对生者的使命，从而进入了永恒。

其实，像这样死后归根的并不限于树木。庄子早就指出："万物云云，各复其根。"①归根的宿愿、还乡的情愫本是人类的普遍特质。所以，海德格尔指出："一切本质的和伟大的东西都只有从人有个家并且在一个传统中生了根中产生出来。"②

然而，上述事实还不足以解释为什么人们要称死人为归人，称死亡为"回家"。把死形容为"回家"固然表明，人们相信人来自另一世界，死后仍要回到那个世界；当然也表现了人对死亡的达观精神和坦然态度，因而在相当大的程度上缓解了人在面对死亡时的孤苦感、陌生感和恐惧感，并使人安然接受死亡的事实。但死毕竟是人遇到的最大限定。如果一个人总是意识到死对自己的限制，他的思想和行动肯定是不自由的。因而他也不可能有归家的感觉。有些人之所以视死如归，首先是因为他们从更高的层次上，即从人与自然相统一的层次上去看待生命与死亡。在他们眼里，只有自然才是人的第一个家园，死不过是人向自然的真正回归。

所以，真正说来，我们应当从人与自然的原始统一中去理解死后

---

① 《庄子·外篇·在宥》。——编者注
② 海德格尔：《还只有上帝能拯救我们》。（原文中本句引文出处不详，今改为熊伟先生译文。见《海德格尔选集》，孙周兴选编，上海三联书店，1996年，第1305页。——编者注）

归家的观念。这里所说的家并不是指小家,而是指大家,即自然之家和精神之家。所谓小家,乃是我们饮食起居的地方,生儿育女的地方,供奉祖先的地方,养老送死的地方,当然对一些人来说也是获得保护和寄托精神的地方。但是,很多人生在家中却感到无家可归,甚至有些人"反把他乡作故乡"。白居易的诗"心泰身宁是归处,故乡可独在长安?"不就是表达了这样的感受吗?也许是由于人类在小家中待得太久的缘故,很多人从不愿放眼天地,而是把那本来就少得可怜的激情淹没在日复一日的琐碎活动中。结果,人人心有所专而又无所凭依,人人忙忙碌碌而又空虚难耐。"终身役役而不见其成功,茶然疲役而不知其所归"(庄子语)就是对无家可归者的真实写照。

人的无家可归感是人与自然发生严重分裂的必然结果。在人与自然和谐统一的时代,人的小家与大家、自然之家与精神之家是一致的,那时,人产生于自然、栖身于自然、生根于自然,因而,无论是相信死后归天还是相信死后入地的人都有死得其所的感觉。一个不能以自然为家者是不会发出"抱明月而长终"的感叹的。惯于"日出而作,日入而息"的古代人,尽管因安于平稳而不敢冒险,因乐天知命而不敢进取,但他们于自然生活的汲汲营营中倒能体会到充盈踏实的感觉。对身怀家园之感的人来说,自然不只是事物的偶然组合,而是一组和谐的音符,一首深奥的诗篇。颤动的心灵在此感到如许的神秘,低语的森林给人提供对话的朋友。所以,当人步入自然世界、当人徜徉于洒满露珠的幽静,他会觉得自己已与自然交融合一。由此,人学会倾听自然的律动,学会理解自然的语言,学会捕捉自己留在自然的踪迹。于是,很多人愿意老死山林,很多人争相为忠魂烈骨培上一锹黄土。在历史上,土葬(有些地方也实行水葬、火葬、崖葬和天葬)之所以成为人类葬死的主要方式,不单单是因为它简单、卫生,更深层次的原因在于它体现了人类对大地、对自然怀有回到家园般的感情,它象征着人来自自然最终又回到了自然。正因如此,今天仍有许多人称死者为"归土"或"归位"。

人类在死亡方面所表现出来的家园之感还不仅如此。在世界各地的墓葬中,我们发现一个共同的现象,由于人们相信坟墓是灵魂的住所,他们总喜欢用家庭生活中所需要的东西来陪葬死者,帝王将相们则把陵寝造得像宫殿一般。家庭的各种陈设一应俱全,俨然把死亡视为幽魂还乡。死者生前有"朝",死后仍要设"朝";人活着时有"寝",死后仍要设"寝"。① 中国陵寝制长期存在的事实不仅表现了灵魂不死观念,而且反映了中国人浓厚的家园意识。

如今,人的家园意识逐渐淡薄起来,死不再给人以回归之感,于是人对死亡的忌讳与恐惧与日俱增。这主要是源于人与自然的原始统一被彻底打破,人的自然之家与精神之家发生严重分离。由于人类之家不同于动物的巢穴,它不只是饮食起居的地方,而且是心灵的依归之所。所以一旦他找不到精神的支持,他就感到真正的无家可归。今天,自然失去了原有的保护性质,天空布满烟雾、酸雨和人造物的残骸,大地到处是垃圾、污水和废料。我们在自然中走过千百遍,自然对我们仍是那么陌生。也许是对自然过分盘剥灭绝了自然的生命,大地的再生能力逐渐衰退了,我们绝少看得见自然的生机,尽管有识之士一再呼吁"爱护自然就是爱护人自身",但人们仍在充耳不闻地对自然进行疯狂掠夺。黄昏之际想不到黑暗使得我们自食其果:我们戕害了自然最终也戕害了自身。

罗洛·梅曾经指出:"我们愈与自然疏离——疏离的最高象征乃是原子弹及其辐射尘——我们愈接近于死亡。原子的分裂正是我们强奸大自然的象征,这种强奸跟我们对死亡的恐惧和自身的罪恶感很有关系。在这种情况下,我们更迫切地需要去压制死亡意识。"②现代人为了找回失去的家园怎样实现与自然界的重新统一呢?浪漫主义者们主张回到自然,以自然为家、以自然为友。但这是导致文明退步的消极做法。真正积极的精神不是让人回到自然,而是让自然回到人,回到人的生活,并在自己的生活中体味到神性和永恒。只有这样,人才可能以有根的心情去完成自己生命的旅程,也只有这样,人才可能带着游子归家的心态过一种富有价值感的生活。

---

① 参见杨宽:《中国古代陵寝制度与研究》,上海古籍出版社,1955 年。
② 罗洛·梅:《爱与意志》,冯川译,国际文化出版公司,1987 年,第 146 页。——编者注

第八章　死与诗意

　　死是哲学的源头,也是诗的源头。体悟死、吟咏死不仅是诗人的天性,而且是诗人的宿命。如果说生命的哲理最终都离不开对死的沉思与冥想,那么,诗人诗化着的智慧自然应基于对死的深刻感受和领悟。不管是从生的角度去理解死,还是从死的角度去理解生,只要我们把死视为人生不可动摇的指向,对死的任何诗意的领会总要在先地影响一切生的内容。

　　人本质上是充满诗意的。唯有诗意的品格才使人进入神性的显明,当诗人到死中去发现诗意的世界并在这种发现的激励下召唤我们诗意地趋生赴死时,天外人间都流溢出诗的畅想。

　　但是,人尚未学会诗意地生活,更没有把握诗意地死亡。人因死入诗,诗因死长在,在今天这个缺乏诗性的时代里,人的希望就在于实现诗意的自救。

一、在死亡中发现诗意的世界

　　死不像常人想象的那么可怕,不像巫师宣扬的那么神秘。死开启了智慧的大门,也激活了诗样的人生。生活告诉我们,只有当人不去回避死并且以赏诗时的心境去对待死时,他才能真正经受死的考验,实践死的庄严。人要享有充实的人生,最重要的并不在于千方百计掩盖死的事实,而在于能从死中发现善的意义和美的理想。

　　"人之将死,其言也善"就表达了这样的理想。人在行将就木之际总喜欢以善的眼光、美的眼光去看待万物、召唤万物、领有万物。此时，人贪恋一切美好的东西，恨不得把一切美好的东西集于一身，从而在瞬间里充分占有这个世界，享受他从未享受过的带着光环的人生。于是，感性里的此时此刻成了理性里的无限和永恒，流动着的东西静穆地凝练为永恒的青春，丑恶的东西徐徐趋向美好的恬然如画的境界：封闭的东西敞开了，浑浊的东西澄澈了，幽暗的东西照亮了，一切都在刹那间闪着神圣的辉光。这种存在的出神状态就是海德格尔所说的世界的澄明和亮敞。世界的澄明和亮敞也就是世界的诗意，存在的诗意。

所以，死并不是诗意的消失，而是诗意的前提，甚至可以说，死是诗的灵感，诗的源泉本身。

像爱一样，死是哲学、文学和艺术的永恒主题。古往今来，许多诗人大哲就是在死中找到了创作的动力。他们哀时命、悼亡人、憾平生、忘悔恨，于是，产生了许许多多传颂千古的伤逝悼亡之作，我们用不着，也不可能一一列举以死为主题的辉煌诗篇，只要读读波德莱尔最有代表性的诗作，我们就足以了解死亡在诗中的地位。波德莱尔这位"诗人中的王者，真正的上帝"(兰波语)在划时代的诗歌《恶之花》中曾给我们细细描绘了死亡的世界：

> 是死亡给人安慰，唉！使人活下去；
> 它是人生的目的，是唯一的希望，
> 它像鲜酒一样，使我们陶醉、鼓舞，
> 给我们坚持走到日暮时的胆量；
> 它是透过严霜和雪，透过暴风雨，
> 在黑暗的地平线上颤动的光明；
> 它是记在书册中的著名逆旅，
> 可以在那里吃吃睡睡，安然栖身；
> 它是个天使，她那有磁力的手指，
> 把握着睡眠和迷梦的赠权，

她替光身的穷人们再铺好卧床；

它是诸神的光荣，是神秘的粮仓，

它是穷人的前代和古老的家乡，

它是通往未知的新天国的柱廊！

死亡中确有诗意的世界。在这里，死亡的意义并不仅仅在于它反衬出生命的珍贵，更重要的在于它本身就是生命的酵素、生存的方式、人生的希望、古老的家乡。的确我们都是作为穷人而生活在死亡的阴影之下的，因为我们没有充分拥有诗意化的世界。显然，作为类，我们都是自然界长期进化的结果，一旦作为个体，我们不过是父母偶然的产物。偶然的个体是有形有迹的，"有形必朽，有迹必穷"乃是刻在天空的真理。不过，人作为有死的个体从来就不把死亡视为生命的终结，他们也不甘承受这样的结果，于是，他们试图在类中，在世界的神性和灵性中获得永生。个体是不断消失的，而类就长存在个体的不断消失中。因此，死即是达到无限的途程。至于神性与灵性，那也不过是人追求无限、超生越死的一种方式。大地的神性与灵性从来就是人赋予的，由于有了神性与灵性，世界就有了诗意，人生就有了根基。唯其如此，参生悟死的诗人每每把自己化入神性与灵性之中，以舒扬俯观四海、齐年天地的逸兴豪情。

为了生，人们常常去制造谎言，而死却使人抛却虚伪，回复对世界的真情态度。诗则是真情态度的最高体现，因为诗并没有掩盖什么。诗人能直面人生，正视死亡并能紧扣死亡这一主题去直抒人生短促、无道长存的感叹。

然而，诗人们并不满足于直陈死的事实，也不满意哲学家所创造的有限和无限的普遍分裂。他们哀时命唯是，要人们领悟死的真实和必然，从而让他们紧紧把握活生生的现在。诗人们反复提醒我们：对死的恐惧直接表现了对生的留恋。个人的有限性可以在诗意的人生中得到超越。尽管彻悟生死的人们都知道死是专属个人的最本己的东西，因而也是最本真的东西，但我们可以在死这个谁也不能代替的个人事件中发现最能体现人的诗意性的方面,同时也能在生死这个声明的最终否定中发现许许多多肯定的因素:死在很大程度上成了个人建功立业的动力,人的德性和情感无一不在死中充分体现出来,也许我们还可以说,敢不敢自由就死是衡量人的勇气的最终标尺。

诗人叹咏死还有另一重意义,这就是,咏叹死本身就是超越死的一种方式。诗人毫不掩饰地指出了人天的对立、生死的无常,但这并不意味着要我们沉沦于这种对立和无常,而是要我们通过对死亡的意识,充分了解自己在世界中的地位,了解生命的价值与意义,了解自己对人类所负的责任,从而使自己从死亡的有限性中超拔出来。人生因死而有了诗意,世界因死而充满生机。如果我们生活在无生无死的世界上,一切都将是单调的重复,情无所动、心无所盼,时间被凝固,人生陷入茫然,世界不就成为意义的真空么?由于死,我们才有了无穷的乐和不尽的思。为了诗意地生活,让我们再来倾听诗人的述说:

> 努力爱春华,莫忘欢乐时,生当后来归,死当常相思。

在此,重要的不在于思的事实,而在于春华与欢乐,在于生存与相思。以死来担当的思乃是最深沉的思,用生命去承受的爱乃是最深沉的爱。诗人的思是普遍的思,诗人的爱是泛化的爱,当他把思与爱加诸对象时,对象便有了灵气与神性。这样,诗人才能"通识旁照",忘身于"等生死,齐万物"的境界之中。

总之,无论是借江天之邈远来抒坦荡之襟怀,还是借花木之凋残来叹生命之短促,无论是借万物之峥嵘来喻人生之长勤,还是借韶光之易逝来感人世之多难,诗人总力图把物情化、意化,讲到底,把物人化、诗化,从而让自己乘物浮游,轻扬于无限之中。所以,当诗人在语言中仙游飞升时,他不过是通过对生与死的吟咏来实现自己诗意的人生。

二、从诗意的生到诗意的死

人生的诗意化过程也就是使人生浸透诗的精神的历史过程,在这一过程中,人处处作为诗的灵魂出现并且是意义世界的真正中心。为此,人不仅使自己进入诗、成为诗,而且使自己飞升为世界的光点,用自身价值的灵光烛照大地,在这样一个充满奇迹的时刻,人们所熟悉的每一领域一下子弥漫着神秘的气氛,庸俗的东西变得高雅起来,天籁里回荡着令人虔敬的音响,一切矛盾和对抗统统消融在普遍的和谐里。不用问,这显然是一个深含韵致的境界——一种常言难以道出、非灵思难以觉悟的境界。

可是,表面地理解这样的境界也许还不能触及诗意人生的本性,因为它丝毫没有指明通达这种境界的道路。

我们经常看到,许多人爱好诗并在诗的知识方面有相当好的素养;许多人爱好艺术并力图把自己的环境布置得充满艺术的情调,但这是否意味着他们已经步入了富有诗意的生活呢?远远没有。爱好诗和艺术以及把生活环境艺术化还只是外在地表明人具有追求诗意境界的冲动和理想,而不能保证我们已经拥有诗一样的人生。我们可以在心血来潮时吟花咏柳,也可以用画笔涂抹一二,或者以几件艺术精品点缀自己的居室,但这些都不能证明我们的生活已经整个被诗意化了。

诗意化的人生首先取决于我们是否具有诗一样的心境,对世界是否采取诗一样的态度。如果我们只是满足于让生活环境充塞着艺术品或者只是满足于把生活环境布置得符合美的规律,并以为我们从此就过上了诗化或艺术化的生活,那实在是由于我们对诗化作了非诗化的理解。

人生诗化的根本在于,人不应把自己作为接受艺术品的空虚的容器,也就是说,人不能只是看到世界向自己奔腾跳跃,而应当使自己奔涌出去,在天地间乘化漂流,逍遥抱一,以至最终做到和世界浑然无二。只有在这样的前提下,我们才能赋予世界以青春的阳刚和娇柔,并在这种赋予中给自身以真正的确信。

流年似水,青春如梦,醉生梦死者的理论和实践确然如此。但我们在诗意中却有一种恍若隔世的新生的感觉,这远不只是因为我们于诗意中飞离尘嚣,游思世外,更重要的是因为我们有着内心的平静与旷达。在这里一切有限的生命豁然融贯为生死外的长江大河,人沉浸在无物、无我、无时间的迷醉状态里。于是,阴阴的愁绪和对思的烦心自然算不了什么了。死不足以移其志,苦不足以灭其情,这就是个人的真正的诗的品质。

现在,问题的关键依然在于人尚未学会诗意地对待自己,而诗意地对待自己的最大障碍就是不能诗意地对待死亡,毫不夸张地说,一个人只有诗意地对待死,他才有可能学会诗意地生。因为诗意地死是诗意地生的最高限界和要求。

诗意地对待死意味着什么呢?

意味着从不死的角度去看待死、傲视死、藐视死,意味着从超验的美的精神世界去看待短暂的死神出没的经验世界,意味着以无限的、永恒的、普遍的眼光去审视有限的、必朽的、个别的生命的瞬间。诗意地对待死乃是死的浪漫化过程,正是这一过程给生命带来了尊严,也正是这一过程带来了心灵的畅快与自由。不管一个人在生活中多么趾高气扬,多么耀武扬威,多么伟岸逼人,只要他在瑟瑟颤抖中为了某个微不足道或不值一哂的东西而了结自己,他的生命的光华就会在顷刻间消失得无影无踪。生命的尊严最终是由死的尊严决定的,许多人之所以宁愿站着死也不愿跪着生,其目的就是要维护生命的尊严。在此,自律成了诗意的最高原则,连死亡都难以破坏这一原则,唯有这一原则才使人作为完整的个体出现。死固然会否弃和摧毁我们借以发挥精神力量的感性生命,但死也成全了我们,使我们在生存的大限面前真正认清自身存在的处境和自己走过的道路,在这里,生命内在地显示出自由的需要,而人正是在这种需要的驱动下从事着惊天动地的事业。在无数的人生实践中,生命的一切抗争最终都在对死的抗争中找到了自己的落脚点,因为在对死亡的抗争中,生活焕发了无穷的活力。

离开了对死的诗意的领悟,诗样的人生还可能实现吗?同样是死,有人死得从容不迫,有人死得惊慌失措,有人死得抱恨长天,有人死得无悔无憾。从根本上说,死的诗意化在于面对死亡仍能表现出诗意的天性,这样的死并不是消极被动的承受和无可奈何的等待,而是坚定地站起来,像西西弗斯那样把死作为生命的韵律,以游戏般的自如态度去消除常人在死亡面前所惯有的煎迫感和重压感。

在走向死亡的历程中,人像作诗一样构造自己,用滚滚的热情谱写着生命的诗篇。死既然是生命的终结,人就应当并且能够根据对这种总结的预想去规定自己,此即现行到死中去谋划诗意的人生。诗与人生的完美统一是世界充满韵味和温情的前提,但如果人不能在死中确证自己具有诗一样的心境,或者不能在死神降临时肃然镇定,人就永远不能进入诗意的境界。

在诗意的境界中,死是什么样子呢? 在那里,死不再是死而是生,这是一种包含忧患、痛苦、劳役等人生的丰富性而又超绝于生死得失之上的澄明之境,死不再令人凄苦而是令人欢欣,因为它不再是灾难和邪恶而是引人飞升极乐的契机与门径。诗人泰戈尔曾把死亡比作人在早上所看到的光明,他让我们敞开无边的神秘,那不可思议不可名状的东西如母亲般地将我们紧紧拥抱。"就是这样,在死亡里,这同一的不可知者又要以我熟识的面目出现。因为我爱今生,我知道我也会一样地爱死亡。"(泰戈尔《吉檀迦利》)

因而死似乎是我们进入诗意境界的一种方式,因为将死诗意化引领我们挣脱死的羁勒,纵意而往,放情而归,尽量不受死的牵累。

由于诗意是人类精神的触角,它能使人最先感受到一个时代的贫乏与渴求。所以,《诗经》云:"诗者,天地之心。"作为诗意的代言人,诗人在给诗意赋形时,对世界的变故表现出无与伦比的敏感,在诗人那里,没有什么东西不是可以入诗的。因为世界对他就是一个纯全、清明、灵动而又博杂的流响。诗人是精神世界的探路人,在浓冬的黑夜里,他率先看到了人的曙光,同时,又比其他人更深切地体会到夜的漫长与深沉。正因为诗人有洞透人天的眼睛,所以天地间的一点尘埃和污垢都可以引起他的感觉,他使我们懂得了丧钟的意义,从而使我们在志得意满中看到了世界的危象。

危象的极致不就是人的死亡与毁灭吗? 由于诗人开心纳物,澄心净虑,死亡这一人生的极限不再成为诗人吟唱的极限,诗人试图通过诗使自己获得生存的意义并最终归向诗意的死亡,而且他要把世人带到诗的面前,使所有人都能浸润诗的灵气。于是丑恶与美好、尘俗与神圣、卑劣与高尚、忧伤与狂喜、死亡与新生统统进入了诗的世界,接受诗的测度。诗人是活人的良心,也是死人的祭司,他能推心及人,存心于物,寄意于形,他从诗中昭示出来的诗意能化实为虚,化有为无,化现实为理想,化腐朽为神圣,一句话,化死为永生。诗人的先知先识从根本上说在于他能最先辨认出死神隐去的踪迹,既如此,我们就能从诗中读出自己的命运,预感灵性沦丧的危机。

三、死的震颤与诗意的自救

今天,写诗、谈诗、论诗者日见其少,倒不是因为诗本身走到了尽头,也不是因为诗意境界的去远难求,更不是因为现代人天生就缺乏想象力和记忆力,而是因为人心越来越执着于物,越来越沉溺于机械的逻辑和程序的运演。

一方面,我们身不由己地受制于技术的语言和程式化的思维,跳跃性的思想火花被压抑在人的内心深处,人在难言的焦躁中默默忍受着没有依持和护卫的生活,我们把自己赤裸裸地暴露在自然面前,没有一丝含蓄和婉转,没有一点轻柔和绰约,没有一种高飘于云表的漫世精神。大街小巷里到处攒动着求物者木然的面孔,闪亮着永远对世界感到陌生的眼睛,回响着吆五喝六的叫卖声。当人被剥去了倾心体己的温情在冷冰冰的器物世界里招摇过市,精神自然要被牢牢地捆绑在商品之上,器物不居,人心无常,唯一永久恒定的只有那不断的变换——变换居所,变换电器,变换妻子,变换情人,这难道不正是人类的悲哀吗?

另一方面,人正通过对世界的疯狂掠夺和恣意盘剥来暂时平衡内心的骚动,或者通过忘身于对商品世界的营造、控制和利用来不断降低人的精神要求,但是,人在劳作的间隙却更加深刻地体会到出自内心的无聊和空虚,这种无聊和空虚像赶不走的恶魔到处纠缠人,控制人。没有闲情逸致而只有对物的日益追逐,贪得无厌成了时尚与潮流,背信弃义和见死不救成了无可指责的天经地义,油腔滑调则被等同于象征智慧的幽默,如此下去,天上人间自然现实得无法想像,直接得无法玩味,庸俗得无法吟咏。

今天,人似乎越来越失去世界的保护,因为世界在人化的同时人也被世界化了,但世界本身并没有世界化。人的世界化是以打破物的统一性并把它们变得支离破碎为前提而今天的世界不再面对人、接纳人,相反,要接受机器的疯狂肆虐,在人尚未恢复与世界的直接对话之前他是通过不带任何感情的机器与世界打交道的。可是机器夺取了人对世界的关切和人对自身的关切,因为现代人对机器的珍爱大大超过了对世界的珍爱。这样一来,人一方面在机器的压榨中延伸自己,另一方面却不得不扼制自己对世界的那份温存,机器犹如人与世界之间的楔子,它不但把人与世界分离开来,而且使人与人疏远离异。在这种情况下,到处耸立着人际的高墙,到处游荡着孤寂的灵魂,到处回响着大地无声的呼救,大地已成为实验的对象和场所,世界正陷于空前的黑暗。虽然现代人不再像过去那样只是作为个体独立地面对死亡的命运,而是作为类直接面临自己的毁灭,但是,每个人都加倍痛苦地承受和反抗他们共同的全球性的灾难。

在这个麻木得不能再麻木的时代里,唯有死的震颤能使人走出麻木和凄凉,人最可悲的莫过于生在荒无中而不自觉,面对世界的冷淡无动于衷,在世界归于衰败,心花不再怒放之时,除了死尚能激起心中的波澜,还有什么能恢复人对世界的感受性呢?日复一日的机械活动平息了感情的洪波,人的精神已贫乏得到了不堪回味的地步,从被器物围困的人们那里我们很难看到灵性复苏的迹象。当人无所喜,心无所哀,一切差别,一切是非被统统抹平在不知尽头的操作里,我们到哪里去寻找诗意的温馨呢?当我们嘴里发出一样的语言,耳边回旋一样的音响,心中泛起一样的念头,我们从哪里去寻找诗意的甜美呢?当心焦于外,思累于物,爱绝于情时,我们从哪里寻找诗意的轻柔呢?当情不再成为神情,心不再成为仁心,思不再成为幽思时,我们从哪里去寻找诗意的神圣呢?

面对死亡,人总喜欢感想平昔,触物凄怀,心中常常升腾起逝者难近、浮生若梦的感觉,这种感觉强化了人的生存意识,使人越发增添对生的留恋,对爱的渴求,对永驻人间的向往。然而,每当人从理想中回到现实,他发现自己终究是有限之物。区区一个肉身居然会产生企慕永恒的念头,真让人不可思议,诗意又偏偏能把人激荡起来,思那不可思议的东西,问那不可追问的东西,究那不可穷究的东西。

应当说,正是死亡使诗意得以存在和显现,如果人长生不死,他所面对的就会是枯燥乏味的不断消逝着的对象,这些对象的存在与消逝,在场与不在场对他来说都是无足轻重的。因为人会死,人眼中的世界才显得有意义,有死的人企望不死,不死的人为不死难受。死不仅驱迫人步入敢为自己的生存而上天入地的探险者的行列,而且能让人从对一切都无所谓的状态中猛然醒过来。当人心为物欲所占据而机械地听命于物的使唤时,诗意的激情就被完全淹没在利己主义的打算中,唯有从死的边缘走回来,人才能醒悟诗意的神圣。诗人里尔克曾如此写道:

只有谁曾伴随死者
尝过他们的罂粟,
那最微妙的音素
他再也不会失落。①

在此,诗人强调死的震动作用并不意味着鼓励人们去死,相反,是要人们以死为契机把人提高到一个新的精神境界。面对死亡这个人人都不可回避的事实,具有健全理智的人都清楚地意识到,任何感伤主义的哀愁都无济于事,最重要的是克服死的焦虑,并且真正实现诗

---

① 参见《外国现代派作品选》,第一册(上),袁可嘉、董衡巽、郑克鲁选编,上海文艺出版社,1980年,第48页。

意的自救。单纯的感伤和哀怨不过是表明人心的脆弱。某些古典浪漫主义者之所以陷入怀旧的藩篱,向往田园的生活,既是因为他们无法忍受现代化的生活,也是因为他们把持不住自己,更是因为他们无力反抗和改变现实状况。他们所鼓吹的归隐无异于从逃遁中求解放。

所以,诗意的实现从根本上要求我们走出忧愁、悲观与诅咒,同时也要求我们打破机械和必然性的绝对统治,并让语言和仁心站出来说话。面对时代的疯狂和精神的枯萎,我们该干些什么呢?煽起怀乡的情绪固然使人觉悟自己现有的思想财产,但解放不了对生存根据表示无限饥渴的灵魂。灵魂是在诗意中才得以解放的,而诗意需要我们从现代生活中去培养和发掘。当我们恢复了对新生活的梦想,特别是恢复了人与世界的深层次的和谐统一,我们才发现我们的英雄就站在自己的面前。外逐的精神带着它在外界的丰富阅历回到了它的起点,但它又站在更高的境界上。因此,人有诗意的根本并不在于抛弃外在生活而回归内心,而在于把外在生活融入心灵的每一角落,使世界进入热烈的情怀,同时也进入静观着的智慧。

第九章　死与宗教感情

在文明的进程里,宗教感情一度是人类生存的支柱。尽管这种感情最终导致了理性的毁灭,给人类带来了无端的苦役和牺牲,但拥有这种感情并不等于绝对的罪恶。当人间的苦难变得难以忍受时,当死亡的悲剧愈演愈烈时,宗教感情会在人们心中自然而然地升腾而起。现代人当然有理由对宗教的消极结果说三道四,也有理由说宗教是灵魂的鸦片,但我们是否想过,人生没有宗教感,文明会是什么样子呢?

宗教与宗教感互有区别而又互相关联。前者是后者的生活与凝聚,后者却不一定采取前者的形式。人可以没有宗教,但不能没有宗教感。唯有这份感情能使人感到内心的依持与充实,也唯有这份感情能使人保持内心的肃静与庄严。人生充满了劳苦,死亡影响着生命的每一瞬间,如果人不具备内在的宗教感,他将何以培植那可以清楚人生悲愁和克服生命有限性所需要的超验精神呢?

企慕永生,追寻神性,向往天堂、乐园,是人性的内在要求。对恒定常存的东西保持内心的虔敬并愿为此而献身,这就是我们通常所说的宗教情感。有了这种情感,人生就有了方向,有了归宿,有了动力,有了对抗死亡的伟大力量。

一、从不朽的渴念到不朽的途径

弗洛姆说过,每一种文化都有应付死亡的问题。希腊人强调生命,把死亡视为生命的一种朦胧而阴沉的延续,于是表现出对死亡的无畏精神。埃及人寄希望于人体的不朽，于是有了木乃伊和金字塔。犹太人现实地承认死亡的事实，相信人间可以达到幸福和正义的境界，于是他们安于生命的毁灭。人类应付死亡的方式自然多种多样，但是没有哪一种方式能像不朽的观念那样持久地激起整个人类的热情与共鸣，也没有哪种观念像不朽观念那样促使不同文化传统达到惊人的共识。

不朽是相对于死亡而存在的。只因人会死，他才相信不朽，渴念不朽，追求不朽。然而，人是矛盾的，他涵盖着理智与情感、意识与无意识的对立和冲突。在理智上，他清楚自己必有一死，在情感上他却无法接受这样的事实。在意识里，他时时准备对死亡作出必要的反应，在无意识里，他却坚定自己能够永存。西班牙哲学家乌纳穆诺曾以诗意的语言这样写道：

> 每当我观想苍郁原野的宁静或者细看那闪烁着同等灵魂的明亮双眼时，我的意识总不由自主地澎湃着，我可以感觉到自己的灵魂在拓展，并且自己就像沐浴在生命的光辉里，为此我相信我的未来；然而，随之而起的却是那神秘的声音在我的耳旁低语：
> "汝必得死！"死神的使者用他的双翼拍着我，而我灵魂的萎缩却以神性的血液清洗我精神的最深处。[①]

每个人大概都有过上述的体验，至少有过幻想他人死而复生的时候。即使一个人愿意放弃自己的生命，他总可以在别的地方得到补偿。其中或多或少寄托着人类不朽的渴望。在现实生活中很少有人愿意把死和自己联系起来，那些想象自己会死的人也不过是把自己想象成死亡的旁观者，在无意识的朦胧状态里，理性和逻辑的力量都显得微不足道，因为它们把人生的有限性直截了当地摆在我们面前，而不能给生命带来激励与安慰。心灵在经历死亡痛苦的折磨后常常涌现出对永恒的渴念，这是来自无意识深处的热望。唯此热望能使人超

---

① 乌纳穆诺:《生命的悲剧意识》,北方文艺出版社,1987年,第42—43页。——编者注

出生命的终局,而把目光指向遥远的未来。陆游有诗云:

死去原知万事空,但悲不见九州同。

王师北定中原日,家祭无忘告乃翁。

这首诗是对人在面临死亡时的矛盾心理的真实写照,也是对深藏于人的无意识领域的不朽要求的绝妙注解。对死亡的理智的识见激起诗人对生命短暂的悲哀,而冥冥之中的家祭则让人感到些许的安慰,因为家祭中隐含了活人对不朽的信仰。尽管人们明知死后空空,生命难再,但他们还是无法抗拒永生的诱惑。

按照弗洛伊德的解释,相信永生是人性的最高要求。在无意识中,人人都确信自己长生不死,虽然每个人在哀悼死者时已经体会到死亡的某种滋味,但他还是很难设想自己的死亡,即便他承认自己必有一死,他也只是抽象地承认。死亡引起的肉体变化恰恰使人有了随意想象的余地,妖魔鬼怪的观念即是人不肯忍受死亡而进行自由想象的直接产物。对死去的亲人的记忆既然无法从人的心头抹掉,这已经表明死者仍以某种形式活在我们的记忆里。对死者的怀念愈切,永生的观念愈深。

在日常意识中,获得不朽的方式五花八门,但是最直接最现实的途径莫过于爱。爱与不朽是同一块钱币的两面。对生命的传递是通过爱来实现的。爱固然意味着灵魂的展露无遗,但更重要的在于爱的双方试图在彼此的奉献中进入不朽。爱的誓言之所以离不开"永远"或"海枯石烂"这样的字眼,多半是由于人有不死的欲望,在使人感到死亡紧迫的同时爱也把两颗心灵、两种命运融为一体,从而让人觉得自己已被放大,因为相依为命者同守生命的表钟往往忘却了时间的流逝,而世界在爱中缩小则反证了爱的力量的伟大。爱不仅关联着你我,而且关联着世界,关联着过去与未来,或者说,爱本身就是永恒的期待。每一销魂的瞬间似乎总是凝固的,在此,大地在震颤,天空在回旋,时间的走向已不复存在,在这种感觉中,人体验到超时间的永恒。

然而,最能体现不朽的不但在于人们欲仙欲死的相互让渡,而且在于爱的成果——种族的绵延。这是获得不朽的第二种形式。许多人常常不能过好自己的每一分钟或全力干好自己应干的事情,而是把希望寄托在子女身上,因为他们把子女看作自己生命的延伸。不管子女是否真能完成自己未竟的事业,子女的存在为他们开辟了生命的无穷可能性,因为子嗣的绵延不绝满足了父母对不朽的渴望。父母死了,子女身上依然流淌着他们的血液,浸润着他们的精神。从这种意义上说,父母的生命的确没有因为死亡而中断。中国人之所以特别害怕没有子女,其中除有功利性的原因外,还有一个鲜为人们注意的心理因素:没有子女意味着父母的生命得不到延续,不朽的渴念将化为泡影。

祖先崇拜与上述现象同出一源,它是获得不朽的第三种形式。如果说无儿无女对很多人意味着断绝香火,那么崇拜祖先实质上就是在崇拜自己,崇拜不朽。祖先崇拜具有示范作用,作为不朽的象征,它赋予死者以无限的光荣。它的反复演练把死者的形象深深地融在活人的心灵,并且取得固定的形式。崇拜者则从这里看到了自己的未来:今天崇拜祖先者将来也将作为祖先而为后代所崇拜。我们且不说把死人作为活人来供奉本身已经隐含了对灵魂不死的信仰,那些死亡的掘墓人也隐隐觉得他们是在为灵魂修建长久的住所。

修筑这种住所是对死者的保护,同时也是对灵魂不朽的确认。只有人才懂得保护死者。古人们在实行土葬和崖葬时多半要选择精良的墓宅,耐腐的棺椁。达官贵人们在生前求长生之道,死后获厚葬之遇,丰富的葬品和隆重的祭礼早把我们的祖先对永生的向往暴露得淋漓尽致,对上溯数十代的列祖列宗的祭祀也不过根据源于祖先的灵魂可以庇荫后世、祸福儿孙这一基本观念。当人们把衣锦还乡视为光宗耀祖时,他们实质上已经把自己视为祖先生命的一部分,至少是认为自己承受了祖先留传下来的生命之链。

博取功名与荣耀是常人想换取不朽的第四种形式。人们总想为后人留点什么,以此证明自己的存在。不少人之所以信奉不留芳百世则遗臭万年的人生哲学,正是因为不朽的渴念人皆有之。"豹死留皮,人死留名"这句俗语表达了相当一部分人的心理。历史上的伟大名字从来就是永恒的象征,它们固然与艰辛的劳作和对死亡的藐视联系在一起,但对不朽的生羡足以使人创造出彪炳千秋的伟业。荣誉、奖章的诱惑就在于要使人走出自己并成为他人崇拜的精神标示,而死后的册封和追认乃是对死亡的补偿。它以象征性的永恒激励人们为国家和集体的利益而献身。有些人心照不宣地寻求挤满观众的荣誉殿堂,为的是能从中感受到永不消逝的生命气息。我们呕心沥血地投身于自己为之奋斗的事业,为的是自己的生存、他人的幸福,同时也是为了让自己有限的生命寄存在可以影响千万人的无限功业中。祭文、挽联、悼词、墓碑之所以要述说死者生前的功德而不是列数他的错误,正是要通过死者的名字和永垂不朽的事迹来弥补个人生命的短缺。哪里有死亡,哪里就有生命的痕迹。为了常存的生命,有些人夜以继日地工作,甚至可以赴汤蹈火。如果否认对不朽的追求在推动文明进程中的巨大作用,那实在是认识的浅薄造成的。

对于彻悟生死的人来说,声名毕竟是身外之物,不过是虚幻的不朽。尽管如此,仍有不少人宁愿为此而献出宝贵的生命。对不朽的近乎狂热的执迷不断唤起那些崇尚精神力量的著作家的创作热情。诗人歌德十分坦率地道出了心中的秘密:"人应当相信灵魂不朽,他有相信这一点的权利,这是符合他的本性的……对于我来说,灵魂不朽的信念是由行动这个概念中生出来的。因为我如果孜孜不倦地工作直到老死在今生这种存在不再能支持我的精神时,大自然就有义务给我另一种形式的存在。"①作品是作者的存在形式,或者说是作者永存的生命,因为它聚凝着作者的心血,当作者的名字和思想随着作品而流传后世时,他的确在某种程度上活在后人的心中。

不消说,世上有一种人仅仅是为了不朽而创作,它们坚信作品的不朽可以带来人格的不朽。即使饱受痛苦的煎熬,他们仍对自己的永恒性充满热情和信心。卡尔德隆(Pedro Calderón de la Barce)在戏剧《人生如梦》中如此写道:

---

① 爱克曼辑录:《歌德谈话录(1823—1832年)》,朱光潜译,人民文学出版社,1982年,第179-180页。

> 让我们去寻求永恒的东西，
> 那就是流芳百世的名声，
> 在那里幸福不会安息，
> 崇高也不会寿终正寝。[①]

　　尝试以声名而求得不朽似乎有些虚妄，但在人们尚不能做到死守善道之前它却是生命得以肯定自己的特殊方式。这种方式客观上孕育过许多耀眼璀璨的作品，驱策着无数才志之士献身于思想的事业，人们始终相信，人留下了作品也就等于留下了自己，留下了痕迹，留下了历史的怆痛和幸福，也留下了千百万人对自己的记忆和敬仰。

　　生活表明，上述种种不朽的观念是人类用来对抗死亡的最现存方式，它告诉我们，真正的不朽应该到现实生活中去寻求，不管人们是否自觉到这一点，他们除了生存的基本需要外，还要用自身的行为证明自己尚且活着。与宗教的来世相比，上述不朽观念更着眼于现实的人生，更富有积极的进取精神。

　　然而正是上述不朽观念成为所有宗教得以产生和存在的基础。虽说宗教的最终目的在于使生活的苦难和人的死亡变得易于忍受，但它不是企求改变生活本身而仅仅是改变人对苦难和死亡的态度。当宗教试图克服生与死的分裂，抹平生与死的区别时，它便向人的超生脱死迈出了关键性的一步，于是，宗教便以死后的复生来安慰忧心忡忡的人们。基督教宣称："必朽的总要变成不朽的，必死的总要变成不死的。"它让基督受难死亡然后复活升天。所以，马丁·路德说："基督的死使人产生信仰。"信仰什么呢？自然是信仰永生。在此，死亡成了永生的前提。道教要求人修身养性，积德行善，以便得道成仙。所谓成仙，讲到底就是长生不死，逍遥无虑；佛教则宣布人生苦海无边，生死之轮常转，只有灰身灭智，进入涅槃，人才能消除苦难，得以永存。

---

① 　卡尔德隆：《卡尔德隆戏剧选》，周访渔译，上海译文出版社，1997年，第155页。——编者注

如此之多的宗教许诺无非是要人等待来世。系心幽冥,以此减轻人对死后虚无的恐惧。也许人都有补偿心理,只要他认定今生的苦难可以来生得到补报,他就可以接受眼前的一切,甚至包括那即将来临的死亡,复苏的前景包含在对苦难和死亡的忍耐中,而安息的灵魂依然不会忘却永生的魅力。尽管信仰的真空一再被理性所侵占,而为大多数宗教所蔑视的物质享乐也不断代替对天堂的梦想。尽管人类几千年来极尽宗教以外的精神努力去适应个体死亡的事实,并且使得永生的观念不再像过去那样广为流行,但人类对死后复生的幻想并未绝灭而是采取了别的形式。

如今,人们对科学的力量抱着宗教般的感情,有人甚至相信科学终有一天能使人永葆青春。躺在美国冷冻库里的癌症患者们正是出于对科学的坚定信念而暂时中断了自己的生命,等待科学在下个世纪甚至几个世纪以后让他们起死回生。如果此种方法真能奏效,人们何不在每个世纪都生活几年呢? 这样,人不是可以同样实现永生的理想吗?

二、天堂与地狱的索解

天堂和地狱自是出于人类的预测和想象,但这种预测和想象绝非完全背离人性的玄想与妄念,它一开始就是宗教用来否定死亡、驾驭人心的主要方式。从远古的神话到但丁的《神曲》,从弥尔顿的《失乐园》到班扬的《天路历程》,都根据人的愿望展示了天堂或地狱的情景,而世界各大宗教对天堂与地狱的描绘更是反映出人世的悲欢。今天,我们可以毫不夸张地说,没有地狱与天堂,宗教的存在就完全没有意义,人对永生和幸福的希望也就得不到最终的保证。在死难与文明共存的时代里,天堂与地狱的观念根植于人类的心灵深处,塑造了不同民族的性格,规范了迄今为止的人类的思想与行为。它对文明的影响如此之深,以致乔治·奥威尔认为:"除非人能发展一种与天堂和地狱无关的善恶系统,否则人们就不大可能拯救文明。"[1]

---

① 参见 D. J. 恩莱特:《人的末日》,华进、石香、钟鸣译,上海文化出版社,1988年,第75页。

诚然,天堂首先是作为一种道德理想而存在的,它是至善、仁慈和正义的象征。人世的一切善行在这里相形见绌。然而,就设想天堂的原始动机而言,人们深层次地希望通过天堂来解决生命短暂的问题:可以说,没有哪种问题能与这一生命的大限问题相比拟。

诚然,天堂不但在幻想中给人以生活的自由、幸福与圣洁,而且使人内心拥有正义、光明与真理,但人最终关心的是能否在天堂中获得永生。人生的一切紧张和不安最终都根源于对死的忧虑,如果能排除这种忧虑,人就可以少些痛苦,多些欢乐。所以,无论是基督教的天堂,佛教的涅槃,伊斯兰教的乐园,还是道教的仙界,都力图展示不朽的魅力。道教中有"老而不死曰仙"①的说法,所谓"尘外十洲尽是长生之境,海中三岛无非不老之乡"②就是仙界的写照。在基督教中,耶稣的受难和死亡为他进入永恒准备了条件,因为天堂的生命之树是长绿的。基督以复活和升天向世人表明,精神具有战胜肉体死亡的力量,只要人含辛茹苦,积德行善,进入永生的天堂之门永远向他敞开。佛教宣称人可以进入涅槃。所谓涅槃,本意为熄灭烦恼,后被解释为"常乐我净"的理想境界。这里所说的"常"即指永恒,"乐"指快乐,"我"指自由,"净"指圣洁。在伊斯兰教中,人同样可以超升,彻底摆脱有限的束缚。据说人只要获得真主的眷顾,就可以在乐园中不断享受舒泰、给养与恩泽。

由上可见,世界各大宗教实际上都把解决死亡问题作为自己的最高要务。宗教之所以具有巨大的吸引力,其奥义就在这里。追求不死无疑是人超出自然物的一个根本标志,也是人的深层次的共性,在此集中了人性的优点和弱点。因此,抓住了这一点无异于抓住了人的灵魂。人最热衷的是人应有而实际上没有的东西。赤日炎炎时,人梦想乐园的树荫;饥寒交迫时,人渴望乐园的果实和温暖;忧心缠扰时,人企求乐园的快活与逍遥;濒临死亡时,人向往乐园的长生不老。

从人生的意义上看,天堂的设置无疑是顺应人心需要的。有了天堂的许诺,人心就不再单纯地欣赏现在,而是把目光指向遥远的将来,

---

① 刘熙:《释名·释道第六》。——编者注
② 《黄籙斋十洲三岛技度仪》。——编者注

并站在将来的角度去看过去与现在。尽管将来是空虚渺远的彼岸,但人们总隐隐觉得它是可以预期的。在历史的长河中,天堂渐渐成为一种符号、一种象征、一种价值系统,它表征着至善、自由、幸福与不朽。作为超越的东西,它不断铸造着人的理想、人的参照、人的价值目标,同时也使人看到了自身卑微渺小,从而把人从意得志满的凯歌行进中唤醒,撇开消极方面不谈,天堂的意义是不可小视的,它不断引人超升,使人摆脱经验事实的诱惑,培养人的高古胸怀和虔敬精神。假如没有天堂观念的培植,作为西方资本主义精神的重要内容的法权观念和道德规范实际上很难确立,因为天堂使人意识到至高无上的原则,意识到人必须崇敬的普遍律令,而没有这种原则和律令,一个和谐的有秩序的社会几乎无从谈起。

当然,我们会毫不犹豫地正视这样的事实:天堂确是根据人的愿望而制造出来的幻影,人们当初离不开它就像人在痛苦时需要麻醉一样。仅用愚昧自然无法解释它们产生的根源。只要有死亡就免不了痛苦,有痛苦就免不了呻吟。这种痛苦和呻吟为宰制和奴役人心提供了机会。天堂与地狱观念对人类的危害是不言而喻的,中世纪那种否定生命激情并导致人类生命力衰退的禁欲主义也不过是这种观念作祟的结果。

然而,我们可曾想到,天堂和地狱在分别给人希望和威慑时也使人感受到了人自身的优越?有了天堂,死亡不再令人忧惧,因而也不会成为问题。此时,人唯一关心的是自己死后能否得到快乐与自由。生命的轮回转化过程既然要被打上天堂与地狱的印章,那么,人的指望就只能是向善避恶了。天堂的存在展现了生命的取向,也在抑恶扬善时使善广被世界。显然,它们对净化人心和陶冶性情的作用是不可低估的。但是,我们更要看到,人在神往天堂、忌恨地狱时早把自身托付给了现实,并被不安的罪感驱迫着而忙碌于事务,驰骋于外界。这样,美丽的天堂与可怖的地狱反而成了文明进步的杠杆。我们且不说幻想的天堂如何抚慰濒死者死前的焦虑,也不说地狱如何阻止人步入罪恶与不义的深渊,单就天堂与地狱超出现实而言,人通过它们而被无形的纽带联系起来,并且培养出不囿于现实的超验精神,正是这种精神使人享有丰富的内心生活和傲世于万物、君临于万物的伟大力量。

地狱与天堂相反而成,它是黑暗、罪恶的象征。由于地狱的存在,天堂显得更加高洁和迷人,因为生命的华彩不但要依赖善的普照,而且要通过地狱来显现和保障。

地狱是私有观念的产物,它与人的报复心理联系在一起。在原始人那里,报复采取直接的方式,即以牙还牙的方式。当某人遇到攻击和伤害,他会立即奋起自卫。如果此人遇害,同族人会马上报仇雪恨,而不愿把复仇留到将来。与私有观念一同成长起来的文明人却不满足于让敌人简单地死去,严刑拷打、活活折磨以致曝尸荒野成了惯用方式。人们常可听到,满腔仇恨者总是咬牙切齿地说"要把他碎尸万段""要将他开膛破肚""要踏上一只脚叫他永世不得翻身",更有甚者,把对这一代人的仇恨转嫁到下一代人身上,于是形成了冤冤相报、世代成仇的局面。常人说:"君子报仇,十年不晚。"也隐隐约约反映了人的上述心理,抛尸和挖人祖坟与此出于一辙。地狱观念正是现实的复仇行为在人类精神生活中的极端表现,它表明,仅以死来惩治罪恶还不足以维护正义的尊严。

地狱本是统治者用来关押反抗者的地下监狱,在封建地主的住宅中也常能见到类似的监狱。早起私有制赋予地狱以个人复仇的性质。比如,在希腊神话中,地狱被描述成铜门深锁的地下魔宫,那里终年不见阳光并且充满骇人的刑具。宙斯曾把不服从他统治的克洛诺斯和冒犯他的西西弗斯和坦塔罗斯关在这里。

随着历史的发展,上述地狱观念被宗教不断精致化,而这种被精致化的地狱与死后报应的信仰有着本质上的关联,它反映了人对现实的软弱无力。在生活中,我们看到无数的灾难和死亡,唯独看不到清楚这些灾难与死亡的途径。面对强者,弱者软弱得像任人宰割的羔羊。我们触目所见,到处是善人多灾短命、恶人长寿平宁的不合理现象。如果没有善有善报,恶有恶报的信仰,弱者如何能忍受那令人噬心的现实? 所以,无论是西方的基督教还是东方的佛教,不仅试图以地狱来威慑自己的异端或叛逆,而且要以地狱来维护道德的尊严。在基督教中,地狱既为恶人而设,也为非信仰而设。凡不信基督耶稣者死后将在地狱中受到火烤。《马可福音》说:"在地狱中,噬人的毒虫永不死亡,焚人的烈焰永不熄灭。"在佛教中,死后与再生之前有八层地狱等待罪人。互相残杀、偷盗、淫乱、酗酒、撒谎、持错误观念、谋杀等都将在地狱中受到惩罚。

　　实际上,地狱是个人苦难的阴影,也是人性的缺陷的反映。它表明人洗不尽自己在人间的罪恶,却偏要把这种罪恶推到将来;正因为人间的枷锁只锁得住肉体但锁不住灵魂,人才想到给自己制造精神的牢狱。如果说止戈旨在扬善,那么,地狱的发明就彰显出天堂的崇高。人间的罪恶有轻有重,地狱随之而有深有浅。地狱是绝对的黑暗,天堂则是纯粹的光明。然而,两者的依据仍然是在人间,它们代表人性的两面。善人与恶棍各行其是,但死后必须上天入地。由于天堂与地狱把人围在这两极之间,人生就有了定向,虽然此种定向遏制了人性的多面发展。

三、神性的退隐和复归

　　宗教意识在愚昧的时代里道出人心中的神性,尽管常常是以虚幻的方式道出了这种神性。

　　对崇尚精神力量的人来说,不管是虚假也好,真实也好,只要人会死,人心中就少不了神性。画饼虽不能充饥,望梅亦不能止渴,但人如能从死亡中悟出永恒,短暂的生命似可获得永恒的丰富。人心是最具穿透力的,唯独对死亡,人一直感到无能为力。在五光十色的器物世界里,保有无上精神而同时又为死亡困扰的人们怎能忍受从大地上永远消逝呢?

　　于是,人想到了神灵,并且舞动着呼救的双手。在仰望天空时,人心中涌起对飞临于大地的渴望:渴望神圣、渴望温馨、渴望不死。

　　神性为死而在,因为神性乃永恒者。在对升天的期待中,忧心得到了抚慰,人也因此而得到了最高满足。人于生命的极境和边缘状态中理解神意、体会神情、领受神恩,接受神的惠爱。而接受神的惠爱意味着人生根于大地同时又超拔于大地。据此,人才得以跳出有限而臻于齐生死的无限境界。

然而,神性本质上是人性的衍生,即使诸神远遁,神性依然没有消逝,而只是被世俗的烟尘遮蔽着。就神通心源而言,人通过神性而得以返回内心,倾听内心,从而自尊、自持和自爱;人通过神性提升自己,从而使自己净化和崇高;人通过神性获得归属和依托,从而产生家园之感。

神性是人性的闪光,它一旦出现就成为外在于人并且高于人的东西,在神性那里,人汲取了统摄世界的力量与信心,同时认清了自身的缺陷与疤痕。如果说神性是人心中的光明,那么我们就能借此洞悉宇宙的奥秘,照亮自己的归途。具有神性者恰恰不是把自己扮演成万能的上帝,也不是把自己视为人间的救星,而是时时意识到自己就是弥漫周遭的纯粹精神。当你享有绝对的宁静和孤寂,如果你闭上眼睛,细细收神内视,你也许会觉得自己已经进入了一种化境,在那里,你感到通体通明,神光普照,仿佛自己就站在神的近旁。

神性并不是某种固定的实体,也不是高高在上的特殊人格,而是出自个人内心的对世界的深邃体验与感觉。在夏日的清辉中,假如你眺望如练的银河和那无数闪亮的星星,你也许会觉得遥远的天空隐藏着捉摸不透的神秘;当你从事一项神圣的事业或经过接二连三的失败,你也许隐隐感到自己的背后总有某种神意在安排。但神意并不是人人都能体会的,只有对生命的短暂、痛苦和哀愁具有深切的体验,并不牵累于物性,而是刻意追求精神奋张的人,才能体认和揭明物性背后的神性。一个缺乏感受力的心灵和一个放心外逐者永远只能驻足于可见的物器世界,而不能企达不可见的精神深处。

可是,神性恰恰显露在那不可见的领域。

在领有神性的人眼里,一座教堂、一个寺庙、一部经书、一件道袍,以至一双农鞋、一粒谷子、一只酒杯、一把泥土,都满溢出无穷的意味,丰盛着神圣的蕴涵。不过这并不表明人们要像对待上帝那样对这些东西顶礼膜拜，因为那些具体的形相也只是分有了神性的路标，它们指示着神灵退隐的方向。借此，我们紧步神的足迹，辨认神的通路，但我们尚未接近神本身。那种试图把自己化身为神灵，以便终生来服侍自己的人实在不配享有满怀神性的荣名。在历史的深处，对神性的背弃恰莫过于把人尊为神灵并在无知者的簇拥和恭维下去证明自己的不死。

　　神性说出了世上最美的语言，也是最通用的语言。不管民族与地域的差别有多大，不管人们的生活方式多么不同，只要他们像分享月色与阳光那样分享神性，他们的心灵就刻意贴近和沟通。我们不难发现，散居在不同地域而又虔敬同一宗神灵的人们可以紧密地团结起来并能很快协调各自的行动，发挥惊人的合力。共同的目标把他们的心系在一起，使他们相互理解，悠然神会，宛如不同国家的观众通过卫星收听同一种音乐，神性恰是我们心中高悬着的卫星，它不但使我们心存敬意，而且像一根看不见的线把我们串在一起。心中没有神性，人将是一盘散沙。作为人的纲领，神性把我们拉在统一的光照之下，于是我们才能心连着心。这真可谓：灵犀一点足以媒接分趋的人流，殊途同归自能汇集零落的智慧。当人同此心，心同神性，心便与心交谈。

　　不过，视神性为交心的语言还未触及人性中的一个最根本的方面。从终极的意义上讲，直线性的思维本身就要求人给自己找到一个安身立命的根基，这根基必须能承受生活的灾难和末日感对人心的打击。当我们在内心中意识到最高的意志，自觉到内心中有一种源于上天的神奇的力量，我们无疑找到了强大的支持。在生活中，我们免不了失意、痛苦乃至绝望，当我们的事业遭到彻底的失败，当我们遭到敌人的蔑视，当我们步入了死亡的险境，人都急切地渴望救助并有将自身神圣化的需要。倘若我们深蕴神性，我们即使前临苦海，背抵深渊，也不会辱没自己的尊严和凛然不可侵犯的气度，更不会任自己的精神陷入崩溃的地步。亮节高风和生存的勇气都是有赖于神性的培养和鼓舞的。通过神性，我们把自己作为生命力的焦点，在这里不存在心

143

的破碎,也不存在胆怯和懦弱,即便走向死亡,也要在对生命最高点的清醒见识中,在平静无波的心境中保持着与神同在的信心。

人因身心而拥有超强的精神。这不单单是因为人从神性中得到滋养与灌溉,更重要的是因为神性对人心进行了深化与提升。从此种意义上讲,保持神性并不等于像中世纪的基督教徒那样把自己贬为神灵的奴仆,或整天忘身于热熏熏的香烟的缭绕中乞求神灵的保佑,而是在危难之中心领神的使命,企盼神的检阅,从容应对,不乱方寸,哪怕大难临头仍能显示出挽狂澜于既倒、激颓波于流俗的勇气。

人本身是可以改善和提高的,就像其他事物可以改善和提高一样,但这种改善和提高是有方向、有目的、有模样的,一旦我们心承神性,我们就可以用神性的高洁、磊落、强劲和无私来要求自己、烛照自己、塑造自己,以防自己任情恣意,迷失于不知天高地厚的自囿状态。事实上,大凡自囿者都缺乏一种超越现实的眼光,更没有自我精进的动力和勇气,因而也谈不上有自我改善的可能。他们既不知道向何处求救,也不知道向何处用力。结果,人只得去追逐蝇头小利,甚至用低于人的标准去衡量人,要求人。这是在人远离神性、遮蔽神性后必然出现的现象。尼采在杀死上帝后抬出超人,其根本用意也正是要人们不要因上帝的死亡而放弃对神性的追求。超人仅是人心中的楷模,是未来的人的形象,是人用以改进自己而设计出来的理想,而不是现存于天地之外的神灵。足具神性者均能以超人的眼光来看人,他们最清楚现有的人的弱点,并且激励大家不要自绝于这些弱点,而要不断自我完善和发展,唯有对人生采取这种积极的态度,人类的整体才不会陷入退化。

诗人荷尔德林曾经指出,神性是人的尺度。[①] 在现在这个圣所遭到普遍的破坏,往日被视为神圣的东西不再令人沐手恭立的时候,世界出现了意义的真空,人感到无所凭依,于是对神性的呼唤就显得格外重要,因为人不但要通过神性把自己深化,而且要通过神性使人的死变得更加肃穆而庄严。教堂与纪念碑之所以令人起敬,只因为它们

---

① 荷尔德林《在明媚的天色下》一诗中的诗句。参见海德格尔:《演讲与论文集》,孙周兴译,生活·读书·新知三联书店,2005 年,第 203 页。——编者注

是人们共同体味神圣的地方,这个地方是用生命凝成的,给人以涵天盖地的感觉。也许,人的困惑就在于人的尺度只能到人以外去寻求,生命的最终意义不就表现为这种艰辛的寻求吗?

人在用神性测度自身时感到了生活的充实,因为人心不再茫然于世事的纷争和名利的追逐,而是在预悬的目标下勾画自己。生命的内在统一和必然形式必将因神性而有了切实的保障。于是,人心不再游离于各种漫无目的和纷然杂呈的事务而找不到一个总的着力点。当然,尺度终归是尺度,它不能给我们带来什么直接的利益,但它的存在本身足以证明被测度者的不足。由于神性的高照,我们时时体会到生命的紧迫感,这使我们不得不勤勉于当下的活动,珍惜人生在世的每一点时光。

神性乃至善与纯真,只有以不泯的童心,人方能与之亲近。作为超绝的东西,它不断给予我们尊崇道德的力量,没有这种力量,人心根本无法实现价值的统一,更无法达到崇高的精神境界。由于人会死,并且总是分散地承担着各自的道德责任,他们只有为自己确立共同的恒定而高远的价值目标,他们才可能作为一个不会内耗的整体出现在世界面前。焦虑、挫折与痛苦是人人都会面临的问题,死亡更是人人难以避免的宿命,它们不停地制造人世间的罪恶,如果我们自持永恒的价值感,并且以此分担人类的忧愁,那么,我们的良心也就是类的良心了。只要至善与人心同在,人就亮起了内在的明灯,它是“绝对的命令”,无声地规划着我们活动的方向。伤天害理之所以伤天害理,主要在于他心中没有把至善作为对自己的绝对要求,归根到底,在于他背离了神性。一个注意保养神性的人是不会干出对人类不负责任的事情的,尤其不会成为把人类赶上死亡绝路的不自觉的工具,他的良心会阻止他危害人类的整体利益。核武器制造者们如果都心怀神性并同时处处把自己放在神性上加以镜鉴,世界肯定不会像今天这样令人不安。

为了人格的完善,我们应该在这个心灵遭到腐蚀与败坏的时代以神性来净化我们的灵魂,弥合死亡给人带来的创伤,尽量减少生命短暂给人生造成的损失。这,就是我们所要走的正路。

编后记

　　汪堂家老师去世不久,由吴猛老师牵头,汪师众弟子参与,开始对汪师的遗作进行全面整理。我们负责《死与思》这部文稿,该书原始手稿今已无法获得,整理所用底本是师母廖英老师用繁体字誊写的稿件。据廖老师回忆,这部书成稿于二十世纪八十年代末,当时上海和香港两家出版社有意出版此书,受汪堂家老师嘱托,廖英老师先后抄录了两份,一份简体版送上海人民出版社,一份繁体版交香港三联书店出版社。遗憾的是,最终因故未获出版。事隔近二十八载,该书得以面世,终可告慰仙去的汪师,亦令吾辈欣喜。

　　死亡问题是哲学的古老命题,也是人类最切身的问题。此事尽管神秘,也令人讳莫如深,但每个人最终必定要直面死亡。据师母讲,汪师在酝酿写作此书的过程中常常念叨"未知死,焉知生",也正如他在书中所言:"人的一切活动都是在死亡的背景下进行的,死是催人奋发的最终根源。"该书从自然、文化、诗学、哲学以及宗教等多重角度探究死亡问题,参考古今中外相关文献,对濒死体验、死亡的恐惧、死与爱、自杀、安乐死等主题都有着精深而有趣的讨论,反映了汪堂家老师早期对生命伦理的思考,是理解和研究汪师伦理思想的基础性文献。书中除第六章有关安乐死的部分内容曾见刊于报章杂志之外,绝大部分皆为首次面世。

　　整理过程中,我们各负责一半内容,录入电脑后又相互做了校对。另外,由于本书手稿完成年代较早,书中许多引文需要核对与查找出处。我们和王卓娅、曾誉铭、张奇峰、吴猛等同门一起进行了这一工作。在此过程中,我们深深感佩于汪师的知识渊博和涉猎之广泛。凡我们新加的注释,都以"编者注"的方式加以说明,凡未加说明的注释都是汪师原注。我们虽已尽心尽力,但仍有力所不逮之处,难免会有错讹遗漏,恳请各位专家指正。

　　最后,要对廖英师母的繁体底稿誊写、黄韬总编辑的无私支持、卓娅博士的辛苦编辑以及其他对此书提供默默帮助的人们致以衷心的谢意!正是在各位的支持与帮助下,本书才得以顺利出版。

石永泽　　郝春鹏

2018 年 7 月